Cuidadanía y compasión

Colección EDUCACIÓN

35

MIGUEL ÁNGEL MILLÁN

Cuidadanía y compasión

*Una guía pedagógica para fomentar el valor
del cuidado, la empatía y la compasión
en el ámbito escolar*

© Ediciones Mensajero, 2026
Grupo de Comunicación Loyola
Padre Lojendio, 2
48008 Bilbao – España
Tfno.: +34 944 470 358
info@gcloyola.com
gcloyola.com

Diseño de cubierta:
Vicente Aznar Mengual, SJ

Impreso en España. *Printed in Spain*
ISBN: 978-84-271-5133-8
Depósito legal: BI-86-2026

Fotocomposición:
Marín Creación, S. C. – Burgos / www.marincreacion.com

Impresión y encuadernación:
Gráficas Fernan – Bilbao (Vizcaya) / graficasfernan.com

Índice

Anexos

Agradecimientos

Asumo la responsabilidad de cada palabra que compone este manual. No obstante, la realidad es que esta obra es fruto de un esfuerzo colaborativo y una generosidad que trascienden mi trabajo individual. Me siento profundamente deudor de todas estas valiosas contribuciones, motivo por el cual he optado por expresarme en plural en el resto del libro.

Mi gratitud sincera y especial se dirige a las siguientes personas y entidades, cuyo apoyo fue fundamental:

- *Patxi del Campo*: por aceptar escribir el prólogo de esta publicación y, sobre todo, por ser la primera persona que me introdujo en el inspirador concepto de las comunidades compasivas. Su guía al darme a conocer el proyecto Vivir con Voz Propia de Vitoria y mostrarme el potencial del «Decálogo de la compasión» fue la chispa inicial de esta obra.
- *Ana Belén Tejado*: por sus lúcidas aportaciones iniciales para estructurar el desarrollo del libro y por sus valiosas sugerencias en la elaboración del apartado de evaluación.
- *Sara Dobarro*: por su cercanía incondicional y su apoyo a esta iniciativa, y por la rigurosa revisión de todo el contenido neurocientífico que fundamenta este proyecto.
- *Jesús Ángel Fernández y Fernando Millán*: hermanos de La Salle que, desde su amplísima experiencia docente en Primaria y Secundaria, han revisado de manera exhaustiva y minuciosa las actividades para el aula del capítulo 4.

- *Cristina Sánchez y Elena Sabroso*: por aceptar realizar una revisión crítica del primer borrador. Sus aportaciones e interrogantes constructivos han contribuido significativamente a corregir y mejorar muchos puntos clave.
- *Carmen González*: por su colaboración en el capítulo «Bibliografía y recursos», especialmente en la selección de cortometrajes, vídeos en YouTube y cuentos que enriquecen el material.
- *Carmen Jalón*: por sus aportaciones sobre la importancia de cultivar la interioridad como base de la compasión, así como por todo el material proporcionado relacionado con la atención plena y el *mindfulness*.
- *Antonio Almela*: Por haber aceptado compartir el hermoso proyecto de trabajo intergeneracional que está llevando a cabo en Vinalesa, recogido en el Anexo 6. Mi agradecimiento también a la alumna *Ada Barrachina Saurí*, que ha aceptado generosamente la inclusión de los textos seleccionados de su Diario de intervención. Asimismo, al Centro Educativo Vedruna y a las Religiosas Vedrunas de Vinalesa, por su apoyo y facilidades para que esta experiencia pudiera hacerse realidad.
- *Centro de Humanización de la Salud*: los años de colaboración y aprendizaje junto a los profesionales de este Centro y los religiosos camilos han contribuido decisivamente a educar mi mirada compasiva y a crear el caldo de cultivo intelectual y emocional necesario para plantearme la realización de este manual.

Y, no menos importante, mi profundo agradecimiento al Grupo de Comunicación Loyola por el interés y la confianza que mostraron para apoyar este proyecto desde el primer momento en que les planteé la idea.

Prólogo

Hay épocas en las que la historia se acelera. Vivimos en una de ellas. Avanzamos con pasos de gigante en la ciencia y la tecnología, pero a menudo olvidamos el latido más sencillo: el de mirarnos a los ojos, el de tender la mano, el de cuidarnos mutuamente. Nunca habíamos tenido tanto, y, sin embargo, tantos se sienten solos. Nunca habíamos hablado tanto de progreso, y, sin embargo, tantas vidas se sostienen en el silencio invisible de quienes cuidan sin ser vistos.

Este libro nace en medio de ese contraste. *Cuidadanía y compasión* es más que un manual: es una llamada, un susurro que atraviesa la prisa de nuestro tiempo para recordarnos lo esencial. Nos dice que la verdadera ciudadanía no se mide solo en derechos, sino en responsabilidades; que la justicia no se sostiene solo con leyes, sino con gestos de ternura; que una sociedad sin cuidado es como un árbol sin raíces, condenado a quebrarse ante el primer viento.

La ciencia misma nos lo confirma. La neurociencia ha descubierto que nuestro cerebro está diseñado para la empatía: existen en nosotros las llamadas «neuronas espejo», que se activan cuando vemos sufrir a otro haciendo que lo sintamos como si fuéramos nosotros mismos. Es decir, llevamos inscrita en lo más profundo de nuestra biología la capacidad de resonar con el dolor ajeno. Y estudios recientes han mostrado que la compasión puede entrenarse: cuando practicamos actos de cuidado o meditaciones compasivas se activan regiones cerebrales asociadas con la recompensa y el bienestar, como si nuestro cuerpo supiera que cuidar a otros también nos sana a nosotros.

La escuela se convierte aquí en semillero. No solo de conocimientos, sino de humanidad. No solo de futuros profesionales, sino de futuros vecinos, amigos, hijos, ciudadanos capaces de sostener a otros en la fragilidad. Cada página de este manual es una invitación a convertir el aula en un taller de empatía, en un espacio donde la palabra «nosotros» tenga más peso que el «yo».

Y es que la palabra inventada –*cuidadanía*– encierra una verdad luminosa: sin cuidado no hay ciudadanía posible. Ser ciudadano hoy es reconocer que nuestra vida está entrelazada con la de los demás, que la vulnerabilidad no es debilidad, sino un espejo donde nos descubrimos hermanos. Y la compasión, esa virtud tantas veces malentendida, aparece aquí como lo que realmente es: la fuerza que pone a andar a la empatía, el coraje de actuar frente al sufrimiento.

La psicología del desarrollo nos recuerda que los niños y las niñas no nacen siendo plenamente empáticos: aprenden a cuidar porque alguien los cuida primero, porque alguien les escucha, porque alguien les muestra con su ejemplo la importancia de hacerse cargo de los demás. Cada gesto que un docente hace en el aula –una escucha atenta, una palabra amable, un acompañamiento sereno– deja huellas en la memoria emocional de sus alumnos y alumnas. Y esas huellas se convierten en mapas internos que guiarán sus relaciones durante toda la vida.

Pero este libro no habla solo de ideas. Habla de prácticas, de dinámicas, de ejercicios sencillos que tienen el poder de transformar comunidades enteras. Nos propone meditar, jugar, reflexionar, crear redes. Nos recuerda que el cuidado no se enseña solo con discursos, sino con experiencias vividas, con actos que dejan huella en el cuerpo y en el corazón.

La sociología también nos da una lección clara: allí donde no hay cuidado, no hay ciudadanía plena. Porque el cuidado no es un asunto privado, sino un bien común. Y cuando se descuida, las consecuencias son sociales: desigualdad, soledad, fragmentación comunitaria. Por eso, este manual propone algo radical: que la escuela, en lugar de reproducir esas fracturas, se convierta en un punto de partida para reconstruir el tejido social desde lo pequeño y cotidiano.

Quizá el lector se pregunte: ¿por qué ahora? La respuesta es clara: porque estamos en un tiempo en que la soledad crece, en que la dependencia aumenta, en que los cuidadores se agotan, en que las sociedades parecen olvidar que lo humano se sostiene en la compasión. Y porque, precisamente ahora, necesitamos educar a generaciones capaces de mirar más allá de sí mismas, capaces de cuidar como quien siembra futuro.

Al adentrarse en estas páginas, uno siente que no se trata solo de un manual pedagógico, sino de un acto de fe en la humanidad. Fe en que otra manera de convivir es posible. Fe en que cada gesto de cuidado, por pequeño que parezca, es una semilla de transformación. Fe en que la ternura puede ser, en verdad, una revolución silenciosa.

Porque la ciencia confirma lo que la poesía siempre supo: que el cuidado nos salva. Que cuando abrazamos, escuchamos o acompañamos, nuestro cuerpo libera oxitocina, dopamina y endorfinas, generando calma, confianza y alegría compartida. Que cuidar no es un sacrificio estéril, sino una fuente de bienestar mutuo. Que al aliviar el dolor ajeno estamos también fortaleciendo nuestra propia resiliencia.

Invito a no pasar estas páginas como quien lee una receta, sino como quien escucha una canción. A dejar que las palabras resuenen en lo más hondo y que se conviertan en acción. Porque la compasión no se memoriza: se encarna. La cuidadanía no se decreta: se construye en la vida cotidiana.

Este libro nos ofrece un mapa. No un mapa rígido, sino un camino abierto, lleno de posibilidades. Cada docente, cada familia, cada comunidad que lo tome en sus manos podrá adaptarlo, enriquecerlo, hacerlo suyo. Pero el rumbo es claro: volver a situar el cuidado en el corazón de la educación y, desde allí, en el corazón de la sociedad.

Si algo necesitamos hoy, en medio de la prisa, la incertidumbre y la fragmentación, es esto: volver a recordar que la vida florece cuando nos cuidamos. Que nadie debería caminar solo en la fragilidad. Que cada aula, cada escuela, cada comunidad puede convertirse en un oasis de humanidad.

En Vivir con Voz Propia hemos aprendido que la compasión no se enseña, se comparte. El «Decálogo de la compasión» que construimos juntos nació de escucharnos, de mirarnos con honestidad, de reconocer nuestras luces y nuestras fragilidades. En ese proceso descubrimos que cuidar es también dejarnos cuidar, que la voz del otro nos completa, que cuando actuamos desde la ternura algo profundo se transforma en nosotros y en la comunidad. Este libro recoge ese mismo espíritu: el de una búsqueda común por vivir con más presencia, más conciencia y más humanidad.

Este libro no promete soluciones mágicas. Pero abre caminos. Y esos caminos, recorridos con paciencia y con amor, pueden llevarnos a un futuro más justo, más cálido y más humano. Nos invita a creer, una vez más, que la ternura no es un adorno, sino una fuerza capaz de sostener el porvenir.

Patxi del Campo
Fundador y director del IMAP (Instituto Música, Arte y Proceso), en Vitoria, fundador del proyecto Vivir con Voz Propia y coordinador del programa «Vitoria-Gasteiz, ciudad compasiva».

Introducción

Tejiendo redes de cuidado
en la escuela

Vivimos en una época de cambios vertiginosos, avances tecnológicos y sobrecarga de información, pero también de crecientes desconexiones humanas. El envejecimiento de la población, el aumento de la dependencia, la soledad no deseada, las desigualdades y las crisis ambientales nos interpelan de manera urgente. En este contexto, educar para el cuidado –conscientes de nuestra interdependencia– es una necesidad ética, social y política.

La escuela, como espacio privilegiado de socialización y aprendizaje, tiene un poder transformador para cultivar el cuidado, la empatía y la compasión. No hablamos de una asignatura más, sino de un valor transversal que impregne la vida escolar y forme ciudadanos capaces de construir una sociedad más justa y humana.

Este proyecto se articula en torno al neologismo *cuidadanía* –fusión de «*cui*dado» y «ciu*dadanía*»– que amplía la idea tradicional de ciudadanía para poner la vida y el cuidado mutuo en el centro de la convivencia. Según cuenta Sonia Herrera[1], esta

---

[1] En el prólogo del libro de José Laguna, *Cuidadanía. Del contrato social al pacto de cuidados,* PPC, Madrid 2021.

palabra es fruto de un error ortográfico producido en 2004 al elaborar unos carteles para la inauguración de un centro vecinal en Sevilla. Este error, consistente en imprimir «cuidadanía» en lugar de «ciudadanía», resulta que expresaba bien la filosofía del proyecto vecinal. Hubo personas y organizaciones que apostaron por este término para expresar su propuesta de modelo sociopolítico. Y se terminó popularizando. Al margen de este origen, es una palabra que ya se escucha con frecuencia en muchos ámbitos relacionados con la humanización y los cuidados.

Como afirma José Laguna: «allí donde no existen cuidados, no existe tampoco ninguna ciudadanía». La cuidadanía nos invita a:

- Reconocer nuestra vulnerabilidad y la interdependencia que nos une.
- Asumir la corresponsabilidad en el bienestar de los demás.
- Actuar desde una ética del cuidado que promueva comunidades compasivas.

La *compasión*[2] es el otro eje conductor de esta publicación, que forma parte de un proyecto social más amplio, inspirado en el movimiento de las «comunidades compasivas». Este concepto, gestado en su origen en el ámbito de la salud pública, nos invita a expandir la idea de que el cuidado es un asunto de todos, no solo de profesionales o familiares directos. Una comunidad compasiva es aquella que se organiza y se capacita para reconocer el sufrimiento de sus miembros más vulnerables –ya sea por enfermedad, vejez, discapacidad o cualquier situación de dependencia– y para ofrecer redes de apoyo que complementen los servicios formales.

Se trata de humanizar el cuidado, de sacarlo de los despachos y hospitales para llevarlo a nuestras calles, nuestros barrios y, crucialmente, a nuestras escuelas. La visión es clara: construir

---

[2] Aunque es un término con mucha carga de significado en muchas tradiciones religiosas, como, por ejemplo, el cristianismo y el budismo, en este manual se abordará exclusivamente desde su dimensión psicológica, neurocientífica y de ética laica, como una competencia ciudadana fundamental.

sociedades donde nadie se sienta solo frente a la vulnerabilidad, donde la solidaridad sea un tejido que nos envuelve y nos protege.

El «Decálogo de la compasión», que encontrarás desarrollado y con propuestas prácticas en este manual, será uno de los hilos conductores de nuestro trabajo. Es una guía sencilla pero profunda para encarnar la compasión en gestos cotidianos y decisiones colectivas.

Dirigido a...

Este manual está dirigido al personal docente de Educación Primaria y Educación Secundaria Obligatoria (ESO), aunque las actividades se han focalizado en el último ciclo de ambas etapas, que son especialmente cruciales. Pero también es una herramienta valiosa para equipos directivos, familias y, en última instancia, para toda la comunidad educativa interesada en fomentar una cultura del cuidado. Aspiramos incluso a que se pueda trabajar este manual en las Escuelas de Magisterio.

¿Qué encontrarás en este manual?

A lo largo de sus páginas encontrarás:

- *Fundamentos teóricos* (antropológicos, éticos, sociológicos, neurocientíficos y psicológicos) que sustentan la pedagogía del cuidado.
- *Datos y realidades actuales* sobre la dependencia, la discapacidad, la soledad y el rol de las personas cuidadoras.
- *Propuestas prácticas* de actividades adaptadas al alumnado del último ciclo de Primaria y de la ESO, con un fuerte componente vivencial y comunitario.
- *Estrategias para implicar a familias y entorno*, extendiendo la cultura del cuidado más allá del aula.
- *Anexos* con recursos y ejemplos reales para facilitar su implementación.

Este manual es una invitación a los centros educativos para convertirse en agentes activos de esta revolución del cuidado. A convertir nuestras aulas en laboratorios de humanidad, en «escuelas compasivas», donde el cuidado sea la brújula que oriente el aprendizaje, la convivencia y el compromiso social. Cuidar no es solo un acto ético: es una fuerza transformadora capaz de mejorar vidas, fortalecer comunidades y sostener el futuro.

Capítulo 1

Fundamentos del cuidado
y la compasión

El cuidado y la compasión no son meros sentimientos o acciones aisladas; son constructos profundos que hunden sus raíces en la naturaleza humana, la organización social y la biología de nuestro cerebro. Comprender estos fundamentos es esencial para abordar su enseñanza con rigor y convicción, trascendiendo la mera buena voluntad para situarnos en una pedagogía informada y transformadora.

Antes de zambullirnos en los fundamentos, vamos a empezar por aclarar el gran paraguas bajo el que se enmarca todo el proyecto.

1.1. Cuidado, compasión y comunidades compasivas

1.1.1. El cuidado: una aproximación integral a su significado

La palabra *cuidado* es una de esas palabras que usamos con frecuencia en nuestro día a día, pero cuyo significado profundo y sus múltiples dimensiones a menudo pasan desapercibidas. Es un término polisémico, que abarca desde acciones concretas hasta actitudes y sistemas de apoyo. En el contexto de este manual, es crucial que exploremos y comprendamos esta riqueza de significados, ya que el valor del cuidado que aspiramos a promover en las escuelas es un concepto vasto y multifacético.

Podemos entender el cuidado desde varias perspectivas interconectadas:

1. *El cuidado como interés o preocupación* (actitud). Es la dimensión más básica. Cuidar, en este sentido, implica prestar atención, mostrar interés, sentir inquietud o preocupación por el bienestar de alguien o de algo. Nace de la empatía y la conexión emocional, y se manifiesta en una disposición a estar presente y atento a las necesidades del otro. Es el «me importa».

2. *El cuidado como acción y práctica* (acción). Esta dimensión se refiere a las acciones concretas que realizamos para satisfacer las necesidades de otro, preservar algo o mejorar una situación. Incluye desde acciones físicas (alimentar, vestir, ayudar a moverse) hasta emocionales (escuchar, consolar, acompañar) o intelectuales (educar, orientar). Es el «hago algo por ti». Cuando hablamos de «cuidar a una persona dependiente», nos referimos a estas prácticas.

3. *El cuidado como mantenimiento y preservación* (responsabilidad). Cuidar también significa velar por la conservación, la integridad y el buen estado de algo o alguien a lo largo del tiempo. Aquí entran conceptos como el cuidado del medio ambiente, el cuidado del patrimonio cultural, el cuidado de las relaciones personales o el cuidado de la salud propia. Implica una responsabilidad sostenida.

4. *El autocuidado* (cuidado de uno mismo). Para poder cuidar eficazmente a otros, es imprescindible cuidarse a uno mismo. El autocuidado implica prestar atención a las propias necesidades físicas, emocionales, mentales y espirituales. Es un acto de responsabilidad personal que previene el agotamiento y permite mantener la capacidad de dar.

5. *El cuidado recíproco e interdependencia* (relación). El cuidado no es un flujo unidireccional. Reconoce que todos somos, en algún momento, cuidadores y receptores de cuidado. Se basa en la profunda interdependencia humana, donde el cuidado mutuo fortalece los vínculos y construye comunidades. Nadie es una isla; el cuidado es un diálogo constante.
6. *El cuidado como sistema y política* (estructura social). A una escala más amplia, el cuidado también se refiere a la organización social y política de la provisión de apoyo y bienestar. Esto incluye desde las políticas públicas de salud, educación y dependencia, hasta la infraestructura comunitaria (centros de día, residencias, servicios a domicilio) y la distribución social de las responsabilidades de cuidado. Reconoce que el cuidado es un bien público y una responsabilidad colectiva.

En este manual, el «valor del cuidado» se refiere a la integración de todas estas dimensiones, aunque con especial énfasis por el cuidado hacia las personas[1]. Es la convicción de que mostrar preocupación auténtica por el bienestar del otro, actuar de forma proactiva para atender sus necesidades, asumir la responsabilidad de mantener lo valioso, cuidarse a uno mismo, reconocer la interdependencia y abogar por sistemas de apoyo justos, son pilares fundamentales para construir comunidades compasivas.

Esta visión integral nos permitirá abordar el cuidado no solo como una virtud individual, sino como una competencia ética y social que transforma las relaciones, las aulas y las comunidades. Y, por supuesto, una competencia que no es «cosa de mujeres», sino que nos atañe a todas las personas.

---

[1] Si buscas en internet materiales educativos relacionados con el cuidado, en su mayor parte están relacionados con el cuidado del medio ambiente y, en menor medida, con la salud y el autocuidado. Apenas existe material relacionado con el cuidado orientado hacia las personas. Esta triste constatación fue determinante a la hora de plantear esta publicación.

1.1.2. Compasión: un concepto mal entendido

El término *compasión*, que da nombre a una parte fundamental de este manual y del proyecto, puede generar en ocasiones ciertas reservas o malentendidos. Es común que sea asociado erróneamente con la pena, la lástima, la pasividad o con una actitud «ñoña» o incluso políticamente sesgada.

Sin embargo, para nosotros, la compasión es un concepto radicalmente diferente y mucho más poderoso. Lejos de ser una emoción débil o pasiva, la compasión es la *empatía en acción*. Es la capacidad de reconocer el sufrimiento en uno mismo y en los demás, acompañada de una profunda motivación y un compromiso activo para aliviarlo.

Elegimos conscientemente la palabra *compasión* por su fuerza transformadora: no solo implica sentir *con* el otro (empatía), sino también el *deseo y la determinación de actuar* para mitigar su dolor o dificultad. Es un motor para la justicia social, la solidaridad y la creación de un mundo más humano. Como veremos a lo largo de este manual, especialmente en la sección dedicada a la neurociencia, la compasión es una cualidad innata que puede cultivarse y que nos impulsa a construir comunidades genuinamente solidarias, más allá de prejuicios y estereotipos.

Su significado profundo y su aplicación práctica lo vamos a ir trabajando en este manual teniendo como referencia el «Decálogo de la compasión».

Este decálogo es fruto del trabajo colaborativo del grupo motor del proyecto Vivir con Voz Propia (en Vitoria), que elaboraron un primer borrador del Decálogo de la compasión para la promoción de un vecindario compasivo. Esta tarea se desarrolló en el año 2023, durante 17 reuniones presenciales a lo largo de 5 meses. Este borrador se abrió a la participación ciudadana a través de redes sociales, de sesiones presenciales con diferentes agentes sociales y de la opinión experta de personas referentes del mundo académico y social. Los 10 puntos (9+1) son:

1. *Me reconozco como una persona única, vulnerable, que cambia y tiene necesidades.*

   Es necesario aceptarme como soy para estar dispuesta a conocer a los demás.

2. *Primero, me cuido de manera compasiva.*

   Primero me tengo que cuidar, para poder cuidar a las demás personas.

3. *Acepto a las personas en su momento vital.*

   Acepto que cada persona es única y que a lo largo de su vida puede cambiar su manera de pensar, sentir, actuar.

4. *Soy amable con las otras personas.*

   Soy amable y trato con respeto a las personas, y me convierto en un modelo para las demás personas.

5. *Respeto el espacio de las personas.*

   Respeto la distancia física, social y emocional que otra persona me expresa de forma verbal o no verbal. Pongo límites cuando lo necesito.

6. *Escucho con tranquilidad, respeto y actitud abierta.*

   Escucho con amabilidad lo que otra persona comparte. Muestro interés por lo que dice. Me comporto y expreso mis emociones de manera sincera.

7. *Acompaño, doy equilibrio y bienestar a las personas.*

   Cuando atiendo a alguien doy prioridad a sus necesidades, sin descuidar las mías, para que las dos estemos cómodas.

8. *Multiplico el impacto y la distribución de la aplicación de nuestros recursos en la sociedad.*

   Observo y escucho las necesidades y preocupaciones de mi comunidad para saber dónde apoyar, consolar, entender y actuar.

> **9.** *Con mis acciones desarrollo una comunidad compasiva.*
> Intento comprender, aliviar y prevenir mi sufrimiento y el de los demás.
>
> **10.** *¿Qué añadirías tú?*

En el anexo 1 hay varias propuestas para trabajar este decálogo en el aula. Para más información y para acceder a la infografía en color de este decálogo, entrar en: www.vivirconvozpropia.com

La compasión tiene una íntima relación con otro concepto importante: la ternura. Este concepto ha ganado relevancia en diversos ámbitos, hasta el punto de que figuras de impacto global, como el papa Francisco, han popularizado la idea de una «revolución de la ternura», mostrando su alcance transversal. Y han sido muchas las iniciativas que han puesto en evidencia la estrecha relación entre ambos conceptos. Esta conexión la expresan muy bien José Carlos Bermejo y Rosa Ruiz[2]:

«La compasión es un concepto sumamente ligado a la ternura, aunque no se identifiquen entre sí. Una compasión bien entendida predispone a la persona a una actitud cariñosa, capaz de escuchar, de aceptar, de apreciar justamente a los demás, de tolerarlos. Ternura y compasión unidas se redimensionan y multiplican mutuamente en su efecto transformador».

1.1.3. *Las comunidades compasivas: un marco de referencia para el cuidado y la vida*

Este manual se enmarca en un proyecto más amplio para impulsar las «comunidades compasivas», una iniciativa que busca transformar la forma en que las sociedades abordan el cuidado de sus miembros, especialmente aquellos en situaciones de vulnerabilidad,

---

[2] J. C. Bermejo y R. Ruiz Aragoneses, *Ternura y humanización. Un desafío para el cuidado*, Sal Terrae, Santander 2024.

enfermedad grave, final de vida, o que experimentan soledad no deseada. Más allá de ser una tendencia, es un movimiento global y una filosofía que propone que el cuidado es una responsabilidad compartida. Va mucho más allá de la familia o de lo que hacen los profesionales sanitarios, convirtiéndose en un asunto de toda la comunidad.

a) Origen y principios

El movimiento de las comunidades compasivas está inspirado en el modelo de Cuidados Paliativos Compasivos, desarrollado por el sociólogo y experto en salud pública Allan Kellehear, y el paradigma de la Salud Pública Paliativa. Este enfoque busca que el cuidado de las personas en situaciones de vulnerabilidad –como la enfermedad avanzada, el final de vida, el duelo, la discapacidad, o la soledad no deseada– deje de ser una responsabilidad exclusiva de profesionales especializados o de las familias. En su lugar, se aspira a que se convierta en un asunto de toda la comunidad, movilizando los recursos y la buena voluntad de la ciudadanía para crear un *ecosistema de cuidado integral*.

Es importante destacar la diferencia entre comunidad y ciudad compasivas:

- Una *comunidad compasiva* es, en su sentido más amplio, cualquier colectivo (un barrio, un pueblo, una organización, una asociación, una escuela, un centro de salud) que se organiza de manera consciente para apoyarse mutuamente en los momentos de vulnerabilidad. Enfatiza la acción de base, la corresponsabilidad y el desarrollo de redes de apoyo locales.
- Una *ciudad compasiva* representa este compromiso a una escala mayor, implicando a las instituciones municipales y desarrollando políticas públicas que faciliten y promuevan estas redes de apoyo y la cultura del cuidado en todo el tejido urbano. Una ciudad compasiva busca, precisamente,

fomentar y nutrir múltiples comunidades compasivas dentro de sus límites, aunque se pueden desarrollar proyectos de comunidades compasivas fuera del marco de una ciudad certificada como compasiva.

El objetivo final de ambos es el mismo: que nadie se sienta solo en los momentos de mayor fragilidad, y que las experiencias de sufrimiento sean afrontadas con el respaldo y la solidaridad colectiva.

Las comunidades compasivas se fundamentan en los siguientes principios:

- *Corresponsabilidad.* Este es un pilar central. Se enfatiza que todos los actores de la comunidad –ciudadanos, familias, ayuntamientos, escuelas, empresas, asociaciones, servicios de salud– tienen un papel activo y una responsabilidad compartida en el cuidado y el apoyo mutuo.
- *Visibilidad y normalización.* Se trabaja para hacer visible el cuidado, la enfermedad, la muerte y el duelo como parte natural e inevitable de la experiencia humana, desestigmatizándolos y facilitando que se hablen y gestionen abiertamente en el espacio comunitario.
- *Activación y movilización de recursos comunitarios.* Se fomenta la identificación, valorización y movilización de los recursos existentes en la comunidad, tanto formales (servicios) como informales (voluntarios, redes vecinales, comercios locales, espacios públicos, clubes), para que actúen como fuentes de apoyo al cuidado.
- *Educación y alfabetización en cuidados.* Un componente esencial es capacitar a la población general en conocimientos y habilidades básicas de cuidado y acompañamiento. Esto incluye saber escuchar, ofrecer apoyo emocional, conocer recursos, y romper el miedo a acercarse a quienes sufren.
- *Cohesión social y resiliencia.* Al tejer estas redes de apoyo, las comunidades compasivas fortalecen el tejido social,

aumentando la capacidad de la comunidad para afrontar desafíos colectivos y fomentando un mayor sentido de pertenencia y bienestar para todos.

b) Las comunidades compasivas en España: un movimiento en auge

En España, el movimiento de comunidades compasivas ha experimentado un notable crecimiento, impulsado por una creciente conciencia social y el esfuerzo de diversas entidades. La Fundación New Health[3] ha sido pionera y un actor clave en la difusión y certificación de ciudades compasivas, adaptando el modelo internacional a la realidad sociocultural española. También es muy relevante el papel jugado por la Sociedad Española de Cuidados Paliativos (SECPAL)[4].

En España tenemos varios ejemplos de ciudades compasivas: Sevilla, Pamplona, Getxo, Bidasoa, Badajoz, Sevilla, Vitoria, Huesca, Teruel...y más que se van sumando. Es cierto que la mayoría de estos proyectos (impulsados y certificados por New Health o SECPAL) están centrados en los cuidados paliativos al final de la vida. El proyecto Vivir con Voz Propia, que se desarrolla en Vitoria, tiene una visión más amplia, incluyendo el envejecimiento y las situaciones de soledad no deseada y abierto a otros colectivos vulnerables. El enfoque que nosotros defendemos en este manual al promover comunidades compasivas incluye las perspectivas anteriores, situándolas en el amplio marco de la ciudadanía. En todos estos proyectos, la escuela desempeña un papel fundamental.

La expansión de las comunidades compasivas en España demuestra una voluntad colectiva de humanizar el proceso de cuidar y ser cuidado, construyendo sociedades más empáticas, solidarias y preparadas para afrontar los desafíos de la vulnerabilidad y la interdependencia.

---

[3] www.newhealthfoundation.org
[4] www.secpal.org

1.2. Perspectiva antropológica

Desde una visión antropológica, el ser humano es un ser relacional e inherentemente vulnerable e interdependiente. Nacemos y morimos en situación de dependencia, y a lo largo de nuestra vida, en diferentes momentos, necesitamos y ofrecemos cuidado. Esta vulnerabilidad no es una debilidad, sino una condición intrínseca que nos impulsa a la conexión y a la cooperación.

- *La interdependencia como característica esencial.* Contrariamente a la noción de autonomía absoluta, la vida humana se caracteriza por la interdependencia. Necesitamos de otros para nacer, crecer, aprender, y en momentos de vulnerabilidad (enfermedad, vejez, discapacidad). Reconocer esta interdependencia nos libera de la ilusión de autosuficiencia y nos abre a la reciprocidad del cuidado, donde hoy cuido y mañana puedo ser cuidado.

- *La vulnerabilidad inherente a la condición humana.* La vulnerabilidad es constitutiva de ser humano. Desde la fragilidad del recién nacido hasta la del anciano, pasando por las distintas crisis vitales, enfermedades y limitaciones físicas o mentales. Asumir nuestra propia vulnerabilidad nos permite reconocer y empatizar con la de los demás, rompiendo estigmas y construyendo puentes de solidaridad. El cuidado surge precisamente de esta conciencia de la vulnerabilidad compartida.

Así pues, el cuidado es un rasgo propio de la especie humana, que nos permite crecer, desarrollarnos y sanar. Nuestros antepasados homínidos, a diferencia de otras especies, nacían y permanecían durante un largo periodo en un estado de total dependencia. Esta vulnerabilidad prolongada no fue una desventaja, sino un motor crucial para el desarrollo de la socialización, la cooperación y, por ende, del cuidado. La supervivencia del individuo y, por extensión, de la especie, dependía directamente de la capacidad del grupo para cuidarse mutuamente.

La interdependencia, es decir, la necesidad recíproca entre los miembros de una comunidad para subsistir y prosperar se erige así como un pilar fundamental de nuestra humanidad. No somos seres aislados, sino «seres-en-relación».

Para comprender la raíz profunda del cuidado en nuestra naturaleza, podemos remontarnos a las evidencias de nuestros ancestros prehistóricos. Un ejemplo particularmente conmovedor es el hallazgo de los restos de Shanidar 1, un neandertal adulto que vivió hace aproximadamente 45 000 años en la actual región de Kurdistán iraquí.

El esqueleto de Shanidar 1 revela que, a lo largo de su vida, sufrió una serie de lesiones devastadoras: un golpe severo en la cabeza que probablemente le cegó un ojo, múltiples fracturas en el brazo derecho (posiblemente con amputación) y en las piernas que le habrían causado una cojera severa, y evidencia de sordera y una enfermedad degenerativa. A pesar de estas discapacidades extremas, los huesos muestran signos de que sobrevivió a estas lesiones durante muchos años antes de su muerte.

En un entorno prehistórico, un individuo con tales limitaciones habría sido incapaz de cazar, recolectar alimentos, protegerse de los depredadores o incluso moverse de forma independiente. Su supervivencia prolongada es una prueba irrefutable de que fue continuamente cuidado y apoyado por su grupo. Sus compañeros de tribu tuvieron que proporcionarle alimento, refugio, protección y asistencia diaria, demostrando un compromiso de cuidado que iba más allá de la mera supervivencia individual.

Este descubrimiento no solo nos muestra la vulnerabilidad inherente del ser humano, sino que subraya que la interdependencia y el cuidado mutuo son pilares fundamentales de la existencia humana desde sus albores. La capacidad de sentir empatía por el sufrimiento de un congénere y la disposición a invertir recursos y tiempo en su bienestar, incluso cuando no hay una reciprocidad directa evidente, son rasgos que han sido cruciales para la cohesión y supervivencia de nuestros grupos sociales. Shanidar 1 es un testimonio mudo, pero elocuente, de que el cuidado es una parte intrínseca de lo que nos hace humanos.

1.3. Ética del cuidado

La ética del cuidado, propuesta por pensadoras como Carol Gilligan y Nel Noddings, representa una perspectiva moral fundamentalmente distinta de las éticas tradicionales basadas en principios universales, en la justicia o en los derechos (éticas de la justicia). En lugar de centrarse en la imparcialidad y la abstracción, la ética del cuidado pone el foco en la interdependencia humana, las relaciones, la responsabilidad hacia el otro y la respuesta a sus necesidades.

- *Interdependencia fundamental.* Reconoce que los seres humanos no somos individuos aislados, sino que estamos intrínsecamente conectados y somos vulnerables. El cuidado surge de esta conciencia de interdependencia.
- *Responsabilidad y respuesta.* El cuidado es una respuesta activa a la necesidad del otro. Implica una disposición a ver, escuchar y atender las necesidades específicas de aquellos con quienes estamos en relación. No es un deber abstracto, sino una acción contextual y relacional.
- *Relaciones como cimiento.* A diferencia de éticas que priorizan la autonomía individual, la ética del cuidado valora las relaciones como el cimiento de la moralidad. El bien se busca en el mantenimiento y fortalecimiento de los lazos humanos.
- *Contexto y particularidad.* Los dilemas éticos no se resuelven con la aplicación ciega de reglas universales, sino considerando el contexto específico, las personas involucradas y sus particularidades. El cuidado exige flexibilidad y atención a los matices.

Para comprender plenamente la ética del cuidado, es útil contrastarla con otras teorías del desarrollo moral que han dominado el pensamiento psicológico y filosófico:

- *Lawrence Kohlberg y la moral de la justicia.* Kohlberg propuso una secuencia de etapas en el desarrollo moral centrada en cómo los individuos razonan sobre la justicia, los derechos y las normas. Su teoría describe el progreso desde una moralidad basada en la obediencia al castigo y la recompensa (nivel preconvencional), pasando por la conformidad con las normas sociales (nivel convencional), hasta un razonamiento basado en principios éticos universales (nivel posconvencional). La fuerza de su modelo reside en cómo los individuos construyen activamente su moralidad.
- *Carol Gilligan y la ética relacional del cuidado.* Carol Gilligan, alumna y crítica de Kohlberg, argumentó que su modelo, derivado principalmente de estudios con varones, no capturaba adecuadamente la voz moral femenina. Gilligan propuso que, junto a la moral de la justicia, existe una *moralidad del cuidado*, que se centra en la responsabilidad hacia los demás, la prevención del daño, y el mantenimiento de las relaciones. En esta perspectiva, la moralidad surge de la experiencia de la conexión y la interdependencia, buscando preservar los lazos y atender las necesidades de los otros.

Es crucial entender que estas dos éticas no son mutuamente excluyentes, sino complementarias. Mientras que una ética basada en la justicia podría preguntar: «¿Es esto justo?», una ética del cuidado se preguntaría: «¿Cómo puedo responder a la necesidad de esta persona concreta? ¿Cómo puedo mantener o reparar esta relación?». Una sociedad justa necesita de ambos enfoques: reglas imparciales que garanticen derechos y un profundo sentido de conexión y responsabilidad que motive a las personas a cuidar activamente de sus semejantes, especialmente de los más vulnerables. Ambas son necesarias y se complementan.

Para el profesorado, integrar la ética del cuidado significa no solo enseñar principios morales y normas de convivencia, sino fomentar una cultura en la que todos los alumnos se sientan responsables unos de otros, sensibles hacia las necesidades de los compañeros y compañeras, promoviendo la resolución de conflictos desde la empatía y la reparación de relaciones, y valorando las acciones de apoyo mutuo en el aula y fuera de ella. Es cultivar una cultura escolar donde la interdependencia sea vista como una fortaleza y el cuidado como una manifestación de humanidad compartida. Todo un reto en una sociedad competitiva.

1.4. Aportaciones de la sociología

La sociología nos ofrece una lente crítica para entender cómo el cuidado no es solo una cuestión individual o familiar, sino un fenómeno profundamente moldeado por las estructuras y dinámicas sociales. Analiza cómo las políticas públicas, la economía, los roles de género, la urbanización y la propia cultura de una sociedad facilitan o dificultan la provisión y recepción del cuidado. Y cómo estas dinámicas reflejan y perpetúan las desigualdades existentes (de género, clase social, etnia, etc.).

Para el profesorado, comprender esta dimensión es clave para ir más allá de la acción individual y entender el contexto en el que vive el alumnado y sus familias, y cómo la escuela puede ser un agente de cambio sistémico.

Vamos a resaltar unos aspectos clave desde esta perspectiva:

a) *La división social del trabajo de cuidados*. Tradicionalmente, el cuidado ha sido relegado al ámbito privado y familiar, especialmente al espacio doméstico y a la figura femenina. Se observa una persistente división de género en el reparto de los cuidados, donde las mujeres asumen la mayor parte de esta responsabilidad, lo que tiene profundas implicaciones en su vida laboral, económica y personal (como veremos en los datos del perfil del cuidador en el capítulo 2). La sociología del cuidado ha desvelado que esta invisibilización es una estrategia social que permite que un trabajo esencial, intensivo, y a menudo no remunerado, sostenga el bienestar de la sociedad sin ser reconocido ni suficientemente apoyado por las instituciones públicas.

b) *La mercantilización del cuidado*. En las últimas décadas, ha crecido la mercantilización del cuidado. En un sector (hospitales, residencias, ayuda a domicilio…) atendido tradicionalmente por la Iglesia, entidades no lucrativas y servicios públicos ha entrado con fuerza el sector mercantil, ante la perspectiva de obtener interesantes beneficios económicos. Esta situación genera nuevas dinámicas de empleo, migraciones y desigualdades en el acceso a servicios de calidad.

c) *El Estado del bienestar y el cuidado*. La calidad y el alcance de las políticas públicas (leyes de dependencia, servicios de salud, ayudas económicas, conciliación) son determinantes en la capacidad de una sociedad para cuidar a sus miembros. Un Estado del bienestar robusto alivia la carga de las familias y garantiza derechos.

d) *Redes de apoyo y capital social*. El concepto de «capital social» (Putnam, Bourdieu) es fundamental para entender cómo se genera y se mantiene el cuidado a nivel comunitario. El capital social se refiere al valor de las redes sociales, la confianza, las normas de reciprocidad y la participación cívica que facilitan la cooperación y el beneficio mutuo. Hay que tener presente que el cuidado se sostiene tanto en redes informales (familia, amistades, vecindario) como en redes formales (servicios sociales, asociaciones, voluntariado). La fortaleza y densidad de estas redes (un alto capital social) en una comunidad son indicativos de su capacidad para el cuidado. El individualismo, la movilidad geográfica y la urbanización pueden llevar a la fragmentación de estas redes sociales, generando mayor aislamiento y sobrecarga para quienes cuidan, e invisibilidad para quienes necesitan ser cuidados. La escuela puede desempeñar un papel crucial en la reconstrucción de esas redes.

1.5. Fundamentos neurocientíficos

Desde la neurociencia, hay aportaciones muy valiosas para fundamentar científicamente un proyecto orientado a promover la cultura del cuidado, especialmente en relación con virtudes como la empatía y la compasión, que son clave para el trato digno hacia personas en situación de dependencia. Señalamos las bases neurocientíficas relevantes:

a) La empatía tiene base neurobiológica

La neurociencia ha identificado redes cerebrales implicadas en la empatía. Principalmente, las áreas relacionadas con la ínsula anterior, la corteza cingulada anterior y las regiones frontales (especialmente la corteza prefrontal ventromedial) se activan cuando experimentamos emociones ajenas o nos preocupamos por el bienestar de otros. La empatía tiene una doble perspectiva:

- *Empatía emocional* (o contagio emocional): la capacidad de sentir lo que el otro siente. Se relaciona con la activación de la ínsula y la amígdala. Es una respuesta más automática y visceral.
- *Empatía cognitiva* (o toma de perspectiva): la capacidad de entender los pensamientos, intenciones y creencias del otro. Se asocia con la corteza prefrontal medial y la unión temporoparietal. Es una habilidad más racional y de «lectura de mentes».

En este proceso empático desempeñan un papel fascinante las «neuronas espejo». Descubiertas en los años 90, las neuronas espejo son un sistema de células nerviosas que se activan tanto cuando realizamos una acción como cuando observamos a alguien realizar la misma acción. Están ubicadas principalmente en el lóbulo frontal inferior y el lóbulo parietal. Este mecanismo sugiere una base neuronal para la imitación, el aprendizaje social y, crucialmente, para la empatía. Al observar el dolor o la alegría en otro, nuestras neuronas espejo se activan como si lo estuviéramos experimentando nosotros mismos, facilitando una conexión emocional inmediata.

> ➤ Aplicación: a través de experiencias significativas (teatro, simulaciones, testimonios), se pueden estimular estas regiones, facilitando la empatía.

b) La compasión puede entrenarse

Estudios de neuroimagen (p. ej., del Instituto Max Planck o el laboratorio de Richard Davidson) muestran que la meditación compasiva (*compassion training*) genera cambios funcionales y estructurales en el cerebro. La corteza prefrontal, el hipotálamo y el núcleo accumbens (centros relacionados con la regulación emocional y el bienestar) se activan más en personas que han entrenado su compasión. Y se ha demostrado que la compasión no es solo un sentimiento de lástima, sino una motivación activa que implica regiones cerebrales asociadas con la acción, la planificación y la recompensa.

> ➤ Aplicación: se puede entrenar la compasión introduciendo en el currículo escolar prácticas breves de atención plena, reflexión emocional guiada, actividades de visualización compasiva y otras experiencias de aprendizaje que promuevan la compasión.

	Empatía emocional	Empatía cognitiva	Compasión
Definición	Sentir lo que siente el otro (respuesta automática).	Comprender lo que el otro siente y por qué (toma de perspectiva).	Reconocer el sufrimiento y actuar para aliviarlo. Impulsa a la acción.
Base cerebral	Ínsula, amígdala.	Corteza prefrontal medial, unión temporoparietal.	Circuitos de recompensa, corteza orbitofrontal.
Riesgo	Fatiga por empatía si hay sobreexposición al sufrimiento.	Puede quedarse en comprensión sin acción.	Fatiga por compasión.
Ejemplo	Te entristeces al ver a alguien llorar.	Entiendes que llora porque ha perdido un ser querido.	Te acercas, lo escuchas y le ofreces apoyo.

c) El cerebro social es plástico

Una de las revelaciones más importantes de la neurociencia es la plasticidad cerebral. Nuestro cerebro social está diseñado para la conexión. No es estático; se adapta y cambia en respuesta a nuestras experiencias, aprendizajes y entrenamientos. Esto significa que la empatía y la compasión, lejos de ser rasgos fijos, son habilidades que pueden ser entrenadas y fortalecidas a través de prácticas conscientes, como la meditación compasiva, la exposición a diversas perspectivas o la participación en actos prosociales. La educación, por tanto, tiene un poder inmenso para «moldear» un cerebro más empático y compasivo.

➤ Aplicación: acciones repetidas de cuidado, colaboración y reflexión (diarios, círculos de diálogo, proyectos comunitarios) fortalecen las redes empáticas en el cerebro.

d) Sentido de propósito y cuidado activan el circuito de recompensa

Cuando ayudamos o cuidamos a otros, se activan áreas como el estriado ventral y el circuito dopaminérgico, que nos dan una sensación de recompensa y bienestar.

➢ Aplicación: al mostrar a niños y adolescentes que sus acciones tienen impacto positivo real (en el aula, en la comunidad), se fortalece su motivación intrínseca para seguir cuidando.

e) La neuroquímica del cuidado y la compasión

El comportamiento de cuidado no es solo una acción social, sino un complejo proceso biológico y neuroquímico que se activa en nuestro cerebro. La compasión, la empatía y los lazos de ayuda están intrínsecamente ligados a la liberación de neurotransmisores y hormonas que refuerzan estos comportamientos, creando un ciclo de bienestar y reciprocidad. Destacan las siguientes:

Oxitocina. Conocida como «la hormona del amor y la vinculación», favorece la confianza, el apego y la cooperación. Su liberación se incrementa en interacciones de cuidado, contacto físico positivo (abrazos, caricias), miradas de afecto o experiencias de cooperación, fortaleciendo los lazos sociales y una sensación de calma y seguridad.

Dopamina. Interviene en los circuitos de recompensa y motivación. Cuando nos involucramos en actos de cuidado o compasión, nuestro cerebro libera dopamina. Esta respuesta neuroquímica genera una sensación de placer y satisfacción, lo que nos motiva a repetir estos comportamientos en el futuro. Esto explica por qué la ayuda a los demás puede sentirse intrínsecamente gratificante, reforzando así la conducta altruista y prosocial.

Opioides endógenos (endorfinas). Son péptidos producidos por el sistema nervioso central que actúan como analgésicos naturales y generadores de euforia. En el contexto del cuidado, su liberación crea una sensación de bienestar y reduce el dolor físico y emocional. Compartir una experiencia de cuidado con alguien, ya sea a través de la risa, el contacto o una conversación significativa, puede activar el circuito de endorfinas, proporcionando una sensación que refuerza el lazo y alivia el estrés.

Serotonina. La serotonina es un neurotransmisor que influye en el estado de ánimo, la felicidad y la regulación de la ansiedad. Participar en actos de cuidado y sentirnos útiles en nuestra comunidad puede elevar los niveles de serotonina, contribuyendo a una sensación de propósito y estabilidad emocional. Al igual que la dopamina, la liberación de serotonina actúa como un refuerzo positivo para las conductas compasivas.

Cortisol. Aunque es una hormona del estrés, su regulación adecuada es fundamental. El cuidado y el apoyo social ayudan a reducir los niveles de cortisol, lo que protege al organismo de los efectos nocivos del estrés crónico y crea un entorno más propicio para la empatía y la compasión.

Vasopresina. Relacionada con la oxitocina, influye en el comportamiento social, en la consolidación de vínculos afectivos y en conductas de protección hacia quienes consideramos parte de nuestro grupo cercano. En interacciones de cuidado, la vasopresina contribuye al sentido de compromiso, protección y lealtad. Esta hormona fortalece el lazo de confianza y la responsabilidad hacia la persona cuidada.

➢ Aplicación en el aula: las actividades que promueven la empatía, los juegos cooperativos, las dinámicas de aprendizaje-servicio o los gestos de cuidado mutuo en el aula no solo fortalecen valores éticos, sino que también activan estos sistemas biológicos, generando un círculo virtuoso de bienestar y prosocialidad.

f) Fundamento neurocientífico del diálogo intergeneracional

Los espacios de diálogo intergeneracional (una iniciativa cada vez más extendida) generan beneficios cognitivos, emocionales y sociales tanto para el alumnado como para las personas mayores. Desde la neurociencia, estas interacciones activan y fortalecen áreas específicas del cerebro que están implicadas en el desarrollo del sentido de identidad, la empatía, la memoria y el aprendizaje social.

- *Activación de la corteza prefrontal en adolescentes*: regulación emocional y juicio moral

  En la adolescencia, la corteza prefrontal dorsolateral y la ventromedial –implicadas en el razonamiento moral, la toma de decisiones sociales y la autorregulación emocional– aún se están desarrollando[5]. Al escuchar experiencias de vida de generaciones anteriores, los adolescentes:
  - Integran nuevas perspectivas morales y afectivas.
  - Estimulan el pensamiento reflexivo.
  - Aprenden a modular sus emociones en contextos empáticos.

  Estas áreas se activan especialmente cuando hay una conexión emocional con la historia o el relato[6].

- *Activación del hipocampo y la red de memoria autobiográfica en personas mayores*

  En los adultos mayores, el diálogo con jóvenes activa regiones como el hipocampo y la red de memoria autobiográfica (medial temporal, corteza retrosplenial, precúneo), facilitando la recuperación de recuerdos significativos. Esta actividad:

---

[5]   S. J. BLAKEMORE y S. CHOUDHURY, «Development of the adolescent brain: implications for executive function and social cognition»: *Journal of Child Psychology and Psychiatry* 47/3-4 (2006), 296-312.

[6]   M. H. IMMORDINO-YANG, *Emotions, learning, and the brain. Exploring the educational implications of affective neuroscience*, W.W. Norton, 2016.

- Fortalece la memoria episódica.
- Estimula la identidad narrativa.
- Refuerza el sentido de propósito y vinculación social[7, 8].
- Se ha demostrado que la interacción social significativa es un factor protector frente al deterioro cognitivo[9].
- *Sistema límbico y resonancia emocional en ambas generaciones*

    Durante los intercambios afectivos genuinos, se activa el sistema límbico (amígdala, ínsula anterior, corteza cingulada anterior), que procesa emociones complejas como la compasión, la ternura y el reconocimiento mutuo[10].

    La empatía generacional genera «resonancia emocional», que fortalece el vínculo y promueve aprendizajes más profundos. Esto es especialmente valioso en edades escolares, donde el cerebro social está en plena reorganización[11].

---

[7] R. S. LAZARUS y S. FOLKMAN, *Stress, appraisal, and coping*. Springer, 1984.

[8] A. J. C. CUDDY, S. T. FISKE y P. GLICK, «Warmth and competence as universal dimensions of social perception: The Stereotype Content Model», en M. P. ZANNA (ed.), *Advances in experimental social psychology*, vol. 40, Academic Press, 2008, 61-149.

[9] L. FRATIGLIONI *et al.*, «An active and socially integrated lifestyle in late life might protect against dementia»: *The Lancet Neurology* 3/6 (2004), 343-353.

[10] T. SINGER y O. KLIMECKI, «Empathy and compassion»: *Current Biology* 24/18 (2014), R875-R878.

[11] J. DECETY, «The neurodevelopment of empathy in humans»: *Developmental Neuroscience* 32/4 (2010), 257-267.

Empatía – Simpatía – Compasión[12]

Jean Decety y Keith J. Yoder abordan la diferenciación de estos tres conceptos desde la perspectiva de la neurociencia social y cognitiva. El resumen de sus principales hallazgos, complementado con los mencionados de Singer y Klimecki, es el siguiente:

- *Empatía.* Es un proceso complejo que tiene componentes tanto afectivos (sentir las emociones de otro) como cognitivos (entender su perspectiva). Aunque es fundamental para las interacciones sociales, la empatía por sí sola no siempre conduce a la ayuda, ya que, si la otra persona está sufriendo puede provocar una angustia personal que motive a alejarse de la situación. Y puede ser causa de agotamiento, lo que se denomina «fatiga por empatía».

- *Simpatía.* Es un sentimiento de preocupación o lástima por el sufrimiento de alguien. Conlleva una motivación para actuar de forma prosocial en el cuidado, aunque no necesariamente termina convirtiéndose en una acción.

- *Compasión.* Es un sentimiento de cuidado y preocupación por la otra persona, junto con una fuerte motivación para ayudarla. Este estado no provoca agotamiento, sino que activa áreas cerebrales asociadas con la recompensa, la afiliación y la regulación emocional, lo que la convierte en una respuesta más sostenible y beneficiosa tanto para quien la recibe como para quien la ofrece.

---

[12] J. Decety y K. J. Yoder, «Empathy, sympathy, and compassion: A grounded theory approach to demonstrating similarities and differences as personality traits», en: P. K. Smith, C. H. Hart y M. A. Lamb (eds.), *The Wiley handbook of childhood, adolescent, and family development: The essential reference*, Wiley Blackwell, 2016, 55-78.

Bases neuronales

- La resonancia emocional de la empatía se relaciona con áreas como la ínsula y la corteza cingulada anterior. La angustia empática activa las áreas cerebrales del dolor (además de las dos anteriores incluye la amígdala y la corteza prefrontal).

- Las respuestas de compasión y cuidado se asocian más con circuitos de recompensa y afiliación (como el estriado y la corteza orbitofrontal), lo que explica por qué actuar de forma compasiva puede ser gratificante («satisfacción por compasión»).

Entender estas diferencias es crucial para comprender el comportamiento moral y la cooperación humana. Y a través de programas de entrenamiento mental (como ciertas meditaciones), es posible cultivar la compasión para contrarrestar la fatiga por empatía y fomentar un comportamiento prosocial más eficaz y sostenible.

1.6. Psicología del desarrollo y el cuidado: de la niñez a la adolescencia

La psicología del desarrollo nos ofrece una hoja de ruta sobre cómo evoluciona la capacidad de cuidar y sentir compasión desde la infancia hasta la adolescencia. No nacemos siendo completamente empáticos, pero sí con las semillas para ello, que deben ser nutridas por el entorno y la educación.

a) Evolución

- *Primeros indicios.* Desde bebés, mostramos indicios de empatía rudimentaria (por ejemplo, el llanto contagioso). A medida que crecen, los niños empiezan a entender que los otros tienen pensamientos y sentimientos diferentes a los suyos, un paso crucial para una empatía más sofisticada.

- *De la empatía emocional a la cognitiva.* Los niños desarrollan primero la empatía emocional (sentir lo que el otro siente) y progresivamente la empatía cognitiva (entender lo que el otro siente y por qué). Esta última es fundamental para respuestas de cuidado adecuadas y efectivas.
- *El papel del apego y el entorno.* Un apego seguro en la infancia y un entorno que modela y refuerza el comportamiento prosocial son vitales para el desarrollo de la empatía y la compasión. Los niños aprenden a cuidar siendo cuidados y observando el cuidado en acción.
- *Desarrollo moral y altruismo.* Durante la primaria y la ESO, el alumnado transita por etapas de razonamiento moral que les permiten ir más allá del interés propio, comprendiendo la importancia de las normas sociales, los derechos y, finalmente, principios éticos universales que incluyen la preocupación por el bienestar ajeno. Es en estas etapas donde el altruismo genuino y la disposición a ayudar a los más vulnerables pueden consolidarse.
- *La adolescencia como oportunidad.* Aunque la adolescencia puede ser una etapa de egocentrismo aparente, también es un periodo de intensa búsqueda de identidad y de valores. Es un momento propicio para fomentar el compromiso social y la identificación con causas más grandes que uno mismo, incluyendo el cuidado de los demás.

b) Factores que influyen en el desarrollo del cuidado

El desarrollo de las capacidades de cuidado no es automático, sino que está influenciado por múltiples factores:

- *Modelado.* La observación y la imitación son pilares del aprendizaje social. Niños y adolescentes aprenden a cuidar observando a sus referentes parentales y educativos, figuras de autoridad y compañeros. El modelado es una herramienta pedagógica potentísima

- *Experiencias de cuidado*. Participar activamente en experiencias de cuidado, tanto recibiéndolas como proporcionándolas.
- *Discusión y reflexión*. Participar en debates sobre dilemas morales, situaciones de injusticia o necesidad, y reflexionar sobre las consecuencias de las acciones de cuidado o descuido.
- *Entorno social y cultural*. La cultura de la escuela y la comunidad, los valores que se promueven y las oportunidades de participación en proyectos solidarios.
- *Neurodesarrollo*. La maduración de áreas cerebrales implicadas en las emociones, la cognición social y la toma de decisiones.

c) *Implicaciones pedagógicas para el profesorado*

- *Diseño de actividades ajustadas a la edad*. El profesorado debe adaptar las actividades a la etapa de desarrollo de sus alumnos.
  - o Primaria: foco en la identificación de emociones, el reconocimiento de necesidades básicas, la cooperación en el aula, el modelado de conductas prosociales y el diálogo simple sobre el respeto y la ayuda mutua.
  - o ESO: abordaje de dilemas éticos complejos, análisis crítico de problemas sociales (dependencia, soledad, desigualdad), fomento de la empatía cognitiva y la preocupación empática a través de testimonios y proyectos de impacto social, y reflexión sobre el propio rol como ciudadanos responsables.
- *Creación de un clima de aula nutritivo*. Un ambiente escolar donde se practica el respeto, la escucha activa y el apoyo mutuo es el primer paso para cultivar el cuidado.
- *Promoción de la autorregulación emocional*. Ayudar al alumnado a gestionar sus propias emociones es crucial

para que puedan estar disponibles para las emociones de los demás.

- *Fomento de la resolución pacífica de conflictos.* Enseñar a resolver conflictos de forma constructiva promueve la comprensión de las perspectivas ajenas y el cuidado de las relaciones.
- *Aprendizaje-servicio.* Esta metodología es un motor potente para el desarrollo del cuidado, ya que combina el aprendizaje académico con la acción solidaria, permitiendo al alumnado aplicar sus conocimientos para responder a necesidades reales de la comunidad.

Comprender la psicología del desarrollo permite al profesorado no solo enseñar sobre el cuidado, sino facilitar un proceso de maduración personal que capacite a los alumnos para ser personas compasivas y ciudadanos activos en la construcción de comunidades más solidarias.

1.7. El cuidado como competencia ética y social

Considerando estos fundamentos, el cuidado deja de ser una mera disposición para convertirse en una *competencia ética y social* que puede ser desarrollada sistemáticamente en la escuela. Implica:

- *Conocimientos*: comprender la vulnerabilidad humana, las diversas situaciones de dependencia, los derechos de las personas y los desafíos del cuidado.
- *Habilidades*: desarrollar la escucha activa, la comunicación empática, la resolución pacífica de conflictos, la gestión de las propias emociones y la capacidad de ofrecer ayuda efectiva.
- *Actitudes*: fomentar el respeto, la tolerancia, la aceptación de la diversidad, la responsabilidad social y una genuina preocupación por el bienestar del otro.

Al integrar estos fundamentos en el diseño pedagógico, el manual busca dotar al personal docente de las herramientas y el conocimiento necesarios para transformar sus aulas en verdaderos espacios de cultivo del cuidado, impactando positivamente en el desarrollo integral del alumnado y en la construcción de una sociedad más compasiva.

Capítulo 2

El contexto actual del cuidado: datos y realidades

Para educar eficazmente en el valor del cuidado es clave que el personal docente tenga claro el panorama actual de la dependencia y la discapacidad, así como la labor de quienes cuidan. Este capítulo te ofrece una visión realista y basada en datos, para desmitificar conceptos y destacar la enorme importancia social de esta labor.

2.1. Panorama de la dependencia y la discapacidad

La dependencia y la discapacidad no son cosas de «otros» o «casos aislados». Son realidades que afectan a un porcentaje importante de la población, y, de hecho, su presencia va en aumento debido al envejecimiento demográfico y, en el caso infantil, a la necesidad intrínseca de cuidado que tienen los más pequeños.

En este capítulo veremos que discapacidad y dependencia no son términos intercambiables, aunque a menudo se solapen y una pueda llevar a la otra. Conoceremos cuales son las actividades de la vida diaria que se toman en consideración cuando se habla de dependencia. Veremos también algunos datos estadísticos relevantes y terminaremos revisando los mitos y prejuicios que hay sobre este tema.

2.1.1. Discapacidad y dependencia no son lo mismo

Empecemos aclarando los conceptos:

- *Discapacidad*: se refiere a una condición o alteración (física, sensorial, intelectual o mental) que limita la participación plena y efectiva de una persona en la sociedad, en igualdad de condiciones con las demás. La Convención sobre los Derechos de las Personas con Discapacidad de la ONU (2006) define la discapacidad como un concepto evolutivo que resulta de la interacción entre las personas con deficiencias y las barreras, debidas a las actitudes y al entorno, que evitan su participación plena y efectiva en la sociedad, en igualdad de condiciones con las demás. Es decir, el problema no es solo la condición individual, sino las barreras que la sociedad impone. Una persona con discapacidad puede ser totalmente autónoma en su vida diaria si el entorno es accesible y adaptado.
- *Dependencia*: implica la necesidad de ayuda o asistencia de otra persona para realizar las actividades de la vida diaria (AVD). La dependencia puede ser causada por una discapacidad, por la edad avanzada, una enfermedad crónica, un accidente o una condición de salud que limita la autonomía. Entre las AVD hay que diferenciar las actividades básicas para la vida diaria (ABVD) y las actividades instrumentales (AIVD). El reconocimiento de esta diferencia es fundamental para evaluar la autonomía y las necesidades de cuidado de las personas.

Puntos clave para diferenciar y relacionar:

- *No toda discapacidad genera dependencia*: una persona sorda, por ejemplo, tiene una discapacidad auditiva, pero es completamente autónoma en su vida diaria si cuenta con los medios de comunicación adecuados.

- *La dependencia puede existir sin discapacidad diagnosticada*: un anciano con deterioro cognitivo leve que necesita ayuda para recordar medicaciones o para el aseo puede ser dependiente sin tener una «discapacidad» en el sentido formal, aunque su capacidad funcional esté limitada.
- *El objetivo es diferente*: en la discapacidad, el enfoque es la inclusión, la eliminación de barreras y la garantía de derechos para una participación plena. En la dependencia, el objetivo es asegurar la provisión de cuidados y apoyos para mantener la autonomía y la calidad de vida, así como la dignidad de la persona.

Ambos conceptos son fundamentales en el ámbito del cuidado, ya que muchas personas con discapacidad requieren apoyos para su autonomía, y todas las personas en situación de dependencia requieren cuidado, indistintamente de la causa de esa dependencia.

Lo opuesto a la dependencia no es la autonomía. También es oportuno clarificar que lo opuesto a la dependencia es la independencia. En este caso, la independencia funcional. No es la autonomía, como a veces se confunde en el lenguaje habitual y también en los medios de comunicación. La autonomía es «la capacidad de controlar, afrontar y tomar, por propia iniciativa, decisiones personales acerca de cómo vivir de acuerdo con las normas y preferencias propias, así como de desarrollar las actividades básicas de la vida diaria» (Ley 39/2006 de promoción de la autonomía personal y atención a personas en situación de dependencia). Por eso, una persona con dependencia puede ser completamente autónoma, si sigue tomando decisiones sobre su propia vida. Y una persona con independencia funcional puede no ser autónoma, pues, por diversas razones, no es capaz de tomar decisiones sobre su vida –o no se le permite– y son otras personas las que deciden en su lugar. Lo opuesto a la autonomía es la heteronomía.

El lenguaje. Respecto al lenguaje, se está extendiendo la expresión «personas con diversidad funcional» para referirse a las personas con discapacidad. Y, desde luego, no procede usar la expresión «personas discapacitadas». Tampoco hablar de personas dependientes, sino de «personas en situación de dependencia». La discapacidad o la dependencia son situaciones que vivimos, pero que no nos definen como personas.

Impacto social y económico de la dependencia:

- Social: la dependencia tiene un impacto profundo en las familias, especialmente las mujeres, que a menudo asumen la mayor parte de la carga del cuidado. Genera situaciones de estrés, aislamiento, dificultades de conciliación laboral y personal, y en ocasiones, empobrecimiento. A nivel social, puede fragmentar comunidades si no existen redes de apoyo.

- Económico: el gasto público en atención a la dependencia es significativo y creciente. Además, la pérdida de productividad de los cuidadores informales que deben dejar sus trabajos o reducir su jornada, así como los costes asociados a la atención sanitaria y social, representan un importante desafío económico para los países.

2.1.2. Actividades básicas e instrumentales de la vida diaria

Hablamos de dependencia cuando las limitaciones que tenemos afectan a nuestras actividades habituales en la vida diaria (AVD), de tal manera que llegamos a necesitar ayuda para poder realizarlas. En el lenguaje técnico se distingue entre Actividades Básicas de la Vida Diaria (ABVD) y Actividades Instrumentales de la Vida Diaria (AIVD). Es oportuno conocerlas, ya que esta información es la que usa en los procesos de valoración de las personas que solicitan el reconocimiento oficial de estar en situación de dependencia.

Las ABVD son aquellas tareas orientadas al cuidado de uno mismo, fundamentales para la supervivencia y el funcionamiento personal. Son esenciales para la independencia funcional y la autonomía individual.

- Higiene personal: incluye bañarse, ducharse, lavarse el pelo, cepillarse los dientes y el cuidado de las uñas.
- Vestido: capacidad de ponerse y quitarse la ropa, incluyendo abrocharse botones o cremalleras, así como calzarse o descalzarse.
- Alimentación: llevar la comida a la boca, masticar, tragar y utilizar los utensilios adecuados.
- Control de esfínteres: capacidad para controlar la micción y la defecación, o gestionar el uso de dispositivos como pañales o colectores.
- Movilidad: levantarse, sentarse, acostarse, moverse dentro del hogar y desplazarse de un lugar a otro (incluyendo el uso de ayudas técnicas si fuera necesario).
- Uso del inodoro: incluye el acceso, el uso adecuado y la higiene posterior.

Las AIVD son actividades más complejas que las ABVD, que implican la interacción con el entorno y son necesarias para vivir de forma independiente en la comunidad. Suponen un mayor nivel cognitivo y de organización.

- Manejo del dinero: administrar las finanzas, pagar facturas, hacer compras y gestionar el presupuesto.
- Uso del teléfono: realizar y recibir llamadas, recordar números y manejar dispositivos móviles.
- Compras: planificar y realizar las compras necesarias de alimentos y otros enseres domésticos.
- Preparación de la comida: planificar menús, cocinar, servir y limpiar después de las comidas.
- Mantenimiento del hogar: realizar tareas de limpieza, organización y cuidado general de la vivienda.
- Uso de transportes: desplazarse de forma independiente utilizando transporte público o privado.

- Manejo de la medicación: recordar y tomar los medicamentos correctamente según las indicaciones.
- Cuidado de otros: ser capaz de cuidar a otras personas (hijos, cónyuge, etc.) o mascotas si fuera necesario.

2.1.3. *Datos estadísticos relevantes*

a) España

- Personas en situación de dependencia reconocidas por ley
Según datos del Sistema para la Autonomía y Atención a la Dependencia (SAAD), a cierre de 2024, hay más de 1,5 millones de personas reconocidas en situación de dependencia (con derecho a prestación). La mayoría son mujeres y personas mayores (más del 80% superan los 65 años, y un alto porcentaje los 80 años). Un alto porcentaje de las personas reconocidas se encuentra en los grados más severos, lo que implica una necesidad de apoyos continuos y significativos.
- Personas con discapacidad
Según la EDAD (Encuesta de Discapacidad, Autonomía personal y Situaciones de Dependencia) del año 2020, en España había 4,38 millones de personas de 2 años o más con discapacidad, el 59% mujeres y el 41% varones. Si añadimos los menores de 2 años, podemos estimar que cerca del 10% de la población tiene algún tipo de discapacidad. ¡Impresionante! Esta cifra incluye desde discapacidades físicas, sensoriales (visual, auditiva), intelectuales, hasta trastornos del neurodesarrollo o enfermedades crónicas con limitaciones significativas. Hasta los 34 años, la tasa de discapacidad es mayor entre los varones, pero a partir de los 35 años la tasa de discapacidad es mayor entre las mujeres. Una diferencia especialmente marcada a partir de los 70 años.
  Respecto a la diferencia entre discapacidad y dependencia para actividades básicas de la vida diaria (ABVD),

según la EDAD del año 2008, el 74% de las personas con discapacidad, de seis o más años, afirma tener dificultades para la realización de las ABVD, el resto son independientes. El 80,3% de las mujeres con discapacidad presenta alguna restricción en ABVD frente al 64,6% de los hombres.

Las limitaciones adquieren mayor importancia a medida que aumenta la edad. Así, dentro del colectivo de personas con discapacidad entre 6 y 44 años, seis de cada 10 tienen una dificultad en ABVD (en positivo: el 40% tiene independencia funcional a pesar de su discapacidad). En el grupo de 80 y más años la proporción se eleva al 86%.

• La dependencia en la infancia: una realidad menos visible
  Es crucial recordar que la dependencia no es exclusiva de las personas mayores. Todos los niños son, por definición, dependientes de los cuidados de los adultos para su supervivencia, desarrollo y bienestar. Especialmente, los menores de 3 años requieren un cuidado intensivo y constante. Aunque no entren en la Ley de Dependencia de la misma forma que los adultos (salvo si tienen necesidades de apoyo excepcionales debido a una enfermedad o discapacidad), su vulnerabilidad y necesidad de atención son máximas.

  En España, en 2024, nacieron aproximadamente 320 000 bebés, lo que significa que hay alrededor de 960 000 niños menores de 3 años en el país, todos ellos en una situación de total dependencia para su desarrollo, aunque no significa que tengan alguna discapacidad. Según la EDAD de 2020 la tasa de discapacidad en los menores entre 2 y 5 años es del 3,96%, lo que equivale a 68 000 menores con alguna limitación viviendo en los hogares españoles.

  Visibilizar la dependencia intrínseca de la infancia y la de los niños con necesidades especiales es fundamental para naturalizar el cuidado y reconocerlo como un valor universal.

b) Europa

Eurostat es la fuente más completa para estadísticas armonizadas a nivel de la Unión Europea. Ha lanzado una base de datos específica y una página temática para facilitar el acceso a estos datos. Destacamos la siguiente información:

- Personas con discapacidad:
  En 2021, alrededor del 25 % de las personas de 16 años o más en la UE se autodeclararon con alguna discapacidad o con una discapacidad grave. Esto representa aproximadamente 87 millones de personas, de las cuales más de 24 millones se consideraban con una o más discapacidades graves. Es importante señalar que estos datos de 2021 no incluyen a las personas con discapacidad que viven en instituciones. En 2023, el 26,8 % de las personas de 16 años o más en la UE declararon tener alguna limitación o limitaciones graves y duraderas en sus actividades habituales debido a problemas de salud. El número de personas que experimentan discapacidad está aumentando debido al incremento de las enfermedades crónicas y al envejecimiento de la población.

  Si miramos más allá de los países de la Unión Europea, la Organización Mundial de la Salud (OMS) estima que hay al menos 135 millones de personas con discapacidad en la región Europa. Un dato llamativo.

- Niños con discapacidad:
  En 2021, el 4,4 % de los niños en la UE declararon tener una discapacidad (limitación de actividad debido a problemas de salud). De estos, el 3,4 % tenía una discapacidad moderada y el 1 % una discapacidad grave.

- Necesidades de ayuda en personas mayores:
  En 2019, casi la mitad (49,7 %) de la población mayor de 65 años de la UE informó tener dificultades moderadas o graves con al menos una actividad de cuidado personal o del hogar. El 46,6 % de esta población con dificultades graves indicó una falta de asistencia para esas actividades,

mientras que casi el 30% utilizaba servicios de atención domiciliaria.

2.2. La soledad no deseada: un grito silencioso en las comunidades compasivas

Además de la discapacidad y la dependencia física o cognitiva, nuestras sociedades desarrolladas, y España en particular, enfrentan un desafío creciente y a menudo invisible: la soledad no deseada. No se trata de la soledad elegida para el recogimiento o la reflexión, sino de una vivencia subjetiva y dolorosa de carencia de conexiones sociales significativas, que tiene graves repercusiones en la salud física y mental de las personas.

La soledad no deseada es una forma de vulnerabilidad social y emocional que exige ser abordada con la misma urgencia y compasión que otras formas de dependencia. Las comunidades compasivas se erigen como un marco idóneo para combatir este flagelo, ya que su propósito central es tejer redes de apoyo y fomentar la conexión humana en el entorno local, visibilizando y acompañando a las personas en todas sus formas de sufrimiento, incluida la soledad.

Datos relevantes

Prevalencia: la soledad no deseada afecta a un porcentaje significativo de la población española. Según el Observatorio Estatal de la Soledad no Deseada (OESD), que aglutina datos de diversas fuentes:

- Estimaciones recientes (2022-2024) sugieren que entre el 10% y el 15% de la población adulta en España experimenta soledad no deseada de forma frecuente o intensa.
- En algunos grupos de edad, esta cifra es aún más alarmante. Se estima que más del 20% de las personas mayores de 65 años en España se sienten solas.

- Sorprendentemente, la soledad no deseada no es exclusiva de las personas mayores; también afecta a jóvenes y adultos en edad activa. Datos del INE (Instituto Nacional de Estadística) y estudios específicos indican que entre el 10-12% de la población entre 16 y 29 años reporta sentirse sola.

Impacto de género: si bien la soledad no tiene género, algunos estudios sugieren que las mujeres, especialmente en la vejez, pueden experimentar la soledad de manera diferente o en mayor medida debido a factores como la mayor esperanza de vida, la viudedad y el rol de cuidadoras que a menudo asumen.

Riesgos para la salud: la soledad no deseada ha sido reconocida como un factor de riesgo para la salud comparable al tabaquismo o la obesidad. Se asocia con:

- Mayor riesgo de depresión, ansiedad y deterioro cognitivo.
- Aumento de la probabilidad de enfermedades cardiovasculares y problemas del sistema inmunitario.
- Mayor mortalidad prematura.

Ante este escenario, diversas administraciones públicas (gobierno central, comunidades autónomas, ayuntamientos) y entidades del tercer sector han puesto en marcha estrategias y planes nacionales y locales contra la soledad no deseada. Estas iniciativas suelen incluir:

- Detección y mapeo de personas en situación de soledad.
- Programas de acompañamiento y voluntariado.
- Fomento de actividades comunitarias y espacios de encuentro.
- Capacitación de profesionales para identificar y abordar la soledad.

En el marco de las comunidades compasivas, el combate contra la soledad no deseada se convierte en un pilar fundamental.

La escuela, al educar en la empatía y la conexión humana, puede sensibilizar a las futuras generaciones sobre esta problemática, promoviendo acciones que, desde la adolescencia, ayuden a construir tejidos sociales más resilientes y solidarios, donde nadie se sienta invisible o desconectado. Integrar esta reflexión en el currículo fomenta una ciudadanía activa en la construcción de entornos donde el cuidado mutuo sea la mejor vacuna contra el aislamiento y la soledad no deseada.

2.3. La realidad de las personas cuidadoras

Detrás de cada persona en situación de dependencia, hay a menudo una o varias personas cuidadoras. Es esencial visibilizar su realidad, sus desafíos y sus necesidades.

2.3.1. Cuidadores informales

El panorama de los cuidados en España sigue estando marcado por la informalidad y una fuerte feminización, aunque se observan algunas tendencias y matices importantes respecto a informes más antiguos. Los datos más relevantes son los siguientes:

Predominio femenino absoluto:

El dato más consistente y relevante es que entre el 87% y el 89% de los cuidadores no profesionales de personas dependientes en España son mujeres. Este porcentaje se ha mantenido muy elevado a lo largo de los años, confirmando que la carga principal del cuidado recae abrumadoramente sobre ellas.

Edad media y relación con la persona cuidada:

El perfil predominante sigue siendo una mujer, en torno a los 50-55 años (la horquilla más citada es entre 45 y 64 años), casada y que realiza labores de ama de casa (aunque esta última categoría es cada vez más compleja debido a la actividad laboral). La mayoría de las cuidadoras son familiares directos: hijas, esposas o nueras. La convivencia con la persona dependiente sigue siendo muy común.

Impacto en la actividad laboral y económica:

El cuidado de personas dependientes tiene un impacto significativo en la vida laboral de los cuidadores, especialmente de las mujeres. Un dato que llama la atención: un 64,6% de mujeres y un 56,9% de hombres inactivos alegan querer cuidar personalmente de hijos u otros familiares como principal motivo para no buscar empleo (INE, 2023). Y quienes mantienen el empleo deben hacer ajustes laborales (reducción de jornada, excedencias, abandono del empleo.

Otro dato sorprendente: seis millones de personas en España trabajan en el sector de los cuidados sin recibir una remuneración formal, lo que subraya la invisibilidad y la precarización de esta labor. Para sustituir a todos los cuidadores informales, se necesitarían entre 2,5 y 3 millones de profesionales (*El Confidencial*, 2025). Un dato que da que pensar.

Carga física, psíquica y emocional (sobrecarga del cuidador):

El ejercicio del cuidado conlleva una importante carga física, psíquica y emocional. El 84% de los mayores dependientes precisa ayuda para su higiene, 8 de cada 10 para vestirse y 7 de cada 10 para la limpieza del hogar (SEGG).

Son numerosos los estudios que constatan altos niveles de ansiedad y depresión en los cuidadores. Muchos se sienten desbordados, experimentan tristeza, desánimo, soledad, culpa y desesperanza. El cansancio y la falta de fuerza física son síntomas muy frecuentes. La sobrecarga actúa como un estresor crónico, afectando la salud del cuidador.

Educación y percepción social:

La población cuidadora es cada vez más instruida y activa laboralmente en comparación con décadas anteriores. Ha aumentado la proporción de los que tienen estudios primarios y secundarios, y, en menor medida, estudios superiores.

Existe una creciente concienciación sobre la precarización e infravaloración del trabajo de los cuidados en España (Infocop, 2023).

Reducción de la figura del «cuidador único»:

Aunque aún persiste el rol de cuidador principal, hay una tendencia a que las tareas de cuidado se repartan más entre diferentes miembros de la familia y se complementen con profesionales y agentes externos (públicos o privados). La Fundación Pilares (2024) señala que en la actualidad existen pocos casos de personas cuidadoras únicas (26,9 %), a diferencia de 1994 (54,6 %).

2.3.2. Cuidadores profesionales

Es el personal cualificado que trabaja en residencias, centros de día o en el domicilio (auxiliares de ayuda a domicilio, gerocultores, personal de enfermería, terapeutas…). Aunque remunerados, a menudo enfrentan condiciones laborales precarias, bajos salarios y una alta demanda emocional y física. Su profesionalización y dignificación son clave.

En España son más de un millón de personas las que trabajan en este sector, con unas cifras que varían según se consulten los datos de la Encuesta de Población Activa (EPA) o los de afiliados a la Seguridad Social (las primeras suelen ser más elevadas). No se incluyen en estas estadísticas a las personas que trabajan en el sector sanitario, por una cuestionable diferenciación entre la función de cuidar y la de curar.

En los últimos meses, diversos informes y noticias de medios de comunicación han puesto de manifiesto una creciente y alarmante escasez de profesionales en el sector de los cuidados en España y en toda Europa. Esta situación amenaza la sostenibilidad del sistema de bienestar y la calidad de la atención a las personas vulnerables.

Alcance de la escasez

- Ámbito sociosanitario: la falta es especialmente crítica en roles como gerocultores (cuidadores/as en residencias de mayores), auxiliares de enfermería en entornos hospitalarios y domiciliarios, y personal de ayuda a domicilio. Estos son los perfiles que están en contacto más directo y continuo con las personas dependientes.
- Ámbito sanitario: también se registra una importante escasez de personal médico y de enfermería, así como de auxiliares de enfermería, lo que afecta a hospitales, centros de salud y atención especializada.
- Ámbitos especializados: se suman perfiles de otras áreas, como terapia ocupacional, fisioterapia, psicología y trabajo social, cuya demanda aumenta con la complejidad de las necesidades de las personas con dependencia o discapacidad.

Causas de la escasez

- Envejecimiento de la fuerza laboral: muchos profesionales del cuidado están próximos a la jubilación.
- Condiciones laborales precarias: salarios bajos, jornadas laborales exigentes (turnos, fines de semana), alta carga física y emocional, y falta de reconocimiento social. Esto provoca una baja retención de personal y poca atracción de nuevos talentos.
- Baja natalidad y falta de relevo generacional: las nuevas generaciones son menos numerosas, lo que reduce la cantera de futuros profesionales.
- Aumento de la demanda de cuidados: como hemos visto, el envejecimiento demográfico y el aumento de la esperanza de vida incrementan las necesidades de cuidado. ¡Y ojo

al dato! Ahora se empieza a jubilar la generación del *baby boom*, lo que significa que tendremos un aumento brutal de personas mayores en los próximos años

Consecuencias y proyecciones

Si no se revierten las tendencias actuales, las proyecciones indican que en la próxima década España podría necesitar cientos de miles de profesionales adicionales para cubrir las necesidades de cuidado. Algunos autores llegan a estimar la necesidad en cerca de un millón de personas. Esta escasez implica listas de espera más largas, sobrecarga para los profesionales existentes, riesgo de menor calidad en la atención y un aumento de la presión sobre los cuidadores informales. Es una problemática que interpela a la sociedad en su conjunto: ¿quién cuidará de nosotros y de nuestros seres queridos en el futuro si no formamos y valoramos adecuadamente a quienes se dedican a esta labor esencial?

Titulaciones relacionadas con la economía de cuidados

Ante esta creciente necesidad de profesionales son muchas las titulaciones relacionadas con los cuidados que pueden suponer una salida profesional interesante para los alumnos. Si queremos que haya más profesionales en este sector, es necesario que los alumnos tengan un conocimiento de las mismas antes de dejar la enseñanza obligatoria. Además de conocer las titulaciones universitarias y de formación profesional de grado medio o superior, se les debería informar también de la amplia variedad de *certificados de profesionalidad* relacionados con los cuidados (hay información actualizada en el Servicio Público de Empleo Estatal: www.sepe.es).

En el ámbito concreto del cuidado de personas mayores, conviene aclarar que, aunque es habitual encontrar a personas sin titulación cuidando a personas mayores o en situación de dependencia en domicilios, desde el 31 de diciembre de 2022 es obligatorio contar con, al menos, un certificado de profesionalidad relacionado con esa actividad, tanto en domicilios como en instituciones. Fue una exigencia incluida en la conocida como Ley de la Dependencia (Ley 39/2006). Hubo un tiempo de transición que acabó definitivamente en la fecha mencionada. Los que están en vigor actualmente son:

- Certificado de profesionalidad de atención sociosanitaria a personas dependientes en instituciones sociales.
- Certificado de profesionalidad de atención sociosanitaria a personas dependientes en el domicilio.

En esta misma línea se creó también un nuevo título de formación profesional de grado medio:

- Técnico en atención a personas en situación de dependencia.

Es fundamental dejar claro que para trabajar en el sector de los cuidados es necesario tener una formación lo más completa posible. No solo porque lo exija la normativa, sino por exigencia ética.

2.4. Rompiendo mitos y prejuicios

En nuestra sociedad, todavía persisten muchos mitos y prejuicios sobre la discapacidad, la dependencia y, claro, sobre las personas que las viven, así como sobre el concepto de compasión. Estos errores, que nacen de la desinformación, el miedo o la falta de contacto, generan estigmas, discriminación y dificultan que estas personas estén plenamente incluidas. Para crear comunidades compasivas de verdad, la escuela tiene que ser la primera en desmontar estas barreras mentales y fomentar una visión inclusiva, respetuosa y proactiva.

2.4.1. Mitos sobre la discapacidad

Los prejuicios sobre la discapacidad a menudo giran en torno a una visión capacitista, que valora a las personas únicamente por sus habilidades «normalizadas» y tiende a infantilizar o victimizar a quienes tienen alguna diversidad funcional.

Mito 1: «Las personas con discapacidad son siempre dependientes y no pueden ser autónomas».

Realidad: la dependencia es una situación, no una característica inherente a la discapacidad. Muchas personas con discapacidad son autónomas e independientes en diversas facetas de su vida, especialmente cuando cuentan con los apoyos técnicos, humanos y sociales necesarios. La autonomía no significa hacer todo solo, sino tener el control sobre las propias decisiones y la propia vida.

Mito 2: «La discapacidad es una enfermedad o un castigo».

Realidad: La discapacidad no es una enfermedad ni se «cura». Es una condición humana, una diversidad funcional. El modelo social de la discapacidad (frente al modelo médico) nos enseña que las barreras son sociales (arquitectónicas, actitudinales, de comunicación), no inherentes a la persona.

Mito 3: «Las personas con discapacidad viven en un mundo aparte y no tienen intereses o deseos como los demás».

Realidad: las personas con discapacidad son tan diversas como el resto de la población, con una amplia gama de intereses, talentos, aspiraciones, miedos y alegrías. Comparten la misma necesidad de pertenencia, amor, trabajo y realización personal.

Mito 4: «Las personas con discapacidad siempre necesitan ayuda y son una carga».

Realidad: todas las personas necesitamos ayuda en algún momento de nuestras vidas, especialmente en situaciones de vulnerabilidad. Considerar la necesidad de apoyo como una «carga» es un reflejo de una sociedad individualista que no valora la interdependencia. El cuidado es un derecho y una parte fundamental del contrato social.

2.4.2. Prejuicios sobre la dependencia y el rol de las personas mayores

La dependencia, especialmente asociada a la vejez, también sufre de estereotipos que invisibilizan, infantilizan o devalúan la experiencia de las personas mayores.

Mito 1: «Ser mayor es sinónimo de ser dependiente y perder la valía».

Realidad: la mayoría de las personas mayores mantienen su autonomía y una vida activa. La dependencia es una situación que puede afectar a cualquier edad y no define la identidad o la valía de una persona. Las personas mayores son portadoras de sabiduría, experiencia y un valor incalculable para la sociedad.

Mito 2: «Las personas dependientes no tienen capacidad de decisión ni voz».

Realidad: todas las personas, independientemente de su grado de dependencia o condición, conservan el derecho a decidir sobre su propia vida. Es fundamental asegurar la participación activa de la persona dependiente en las decisiones que le afectan, a través de comunicación adaptada y respeto a sus preferencias.

Mito 3: «El cuidado de la dependencia es solo un problema familiar».

Realidad: el cuidado es una responsabilidad social y comunitaria. Si bien la familia suele ser el primer pilar de apoyo, las instituciones públicas, la sociedad civil y las comunidades compasivas deben corresponsabilizarse en la provisión de recursos y apoyo, reconociendo el derecho al cuidado.

2.4.3. Mitos y malentendidos sobre la compasión

A menudo, la compasión se confunde con conceptos erróneos que dificultan su adopción como un valor central en la sociedad y la educación.

Mito 1: «La compasión es debilidad, pasividad o sentimentalismo ñoño».

Realidad: la compasión es una fortaleza que implica la valentía de enfrentar el sufrimiento (propio y ajeno) con la motivación de aliviarlo. No es sentimentalismo pasivo, sino una emoción que impulsa a la acción. Como vimos en la neurociencia, activa circuitos cerebrales relacionados con la motivación y el cuidado, no solo con el sufrimiento.

Mito 2: «La compasión es propia de ciertas ideologías políticas o religiosas (por ejemplo, "de derechas" o "solo para espirituales")».

Realidad: la compasión es una cualidad humana universal, presente en todas las culturas y tradiciones filosóficas y religiosas, y no está ligada a ninguna adscripción política o creencia específica. Es un valor laico y progresista que busca el bienestar de todos, promoviendo la equidad y la justicia social al atender las necesidades de los más vulnerables.

Mito 3: «La compasión es sinónimo de pena o lástima».

Realidad: la pena o la lástima pueden generar una distancia emocional y una sensación de superioridad. La compasión, en cambio, implica cercanía, una profunda conexión con el sufrimiento del otro y un deseo activo de aliviarlo, reconociendo la humanidad compartida. No busca la autocomplacencia, sino la conexión y la acción.

Mito 4: «Ser compasivo significa aguantar todo el sufrimiento del mundo y acabará por agotarme (fatiga por compasión)».

Realidad: la compasión saludable incluye el autocuidado. Reconocer los límites y cuidar de uno mismo es esencial para poder seguir cuidando a los demás. La fatiga por compasión (o «*burn-out* del cuidador») ocurre cuando la empatía se convierte en angustia personal y falta el componente de motivación a la acción y el autocuidado. Una compasión bien entendida es sostenible y resiliente.

2.4.4. El rol de la escuela en la deconstrucción de prejuicios

La escuela tiene un poder inmenso para:

Promover la convivencia y la inclusión: crear espacios donde alumnos con y sin discapacidad o dependencia (o aquellos con familiares en situación de dependencia) convivan y se relacionen de forma natural, rompiendo barreras actitudinales.

Educar en la diversidad: enseñar que la diversidad funcional es una riqueza y una parte natural de la condición humana, y que la compasión es una respuesta activa y constructiva.

Fomentar el pensamiento crítico: analizar con los alumnos la representación de la discapacidad, la vejez y la compasión en los medios de comunicación y la cultura, identificando estereotipos y discursos simplistas.

Generar experiencias de contacto: fomentar encuentros y actividades donde los alumnos puedan conocer a personas con discapacidad o mayores dependientes, escuchando sus historias y valorando todo lo que aportan. Esto no solo humaniza y desmitifica, sino que les permite experimentar la compasión en acción de primera mano.

Modelar la compasión activa: es clave que el profesorado y todo el personal escolar demuestren esa compasión activa, que no es sentimental, sino basada en la comprensión real y la acción.

¡Desmontar estos mitos es un paso gigante! Ayudará a que los alumnos desarrollen una verdadera empatía, una compasión profunda y un compromiso activo con la construcción de una sociedad donde todas las personas, sin excepción, sean valoradas y tengan su lugar. Así, la compasión se convertirá en fuerza motriz para el cambio social.

Capítulo 3

El aula como espacio de cuidado y compasión

En este capítulo, nos vamos a meter de lleno en cómo podemos transformar el aula para que sea un auténtico espacio donde el cuidado y la compasión no solo se enseñen, sino que se vivan y se noten. Hablaremos de la escuela como un motor de cambio, descubriremos las claves de una pedagogía del cuidado, veremos cómo crear ese ambiente de aula que arropa y, por supuesto, hablaremos del papel esencial que tiene el personal docente. Y abordaremos un tema tan delicado como fundamental: cómo acompañar la muerte y el duelo en clase.

3.1. La escuela como agente transformador en las comunidades compasivas

El aula no es solo un lugar de transmisión de conocimientos académicos. Es un pequeño mundo, un microcosmos social con un gran poder transformador. Aquí se construyen relaciones, se desarrollan valores y se forjan las bases de la ciudadanía que queremos. Transformar este espacio en un entorno de cuidado y compasión implica una intencionalidad pedagógica y el diseño de estrategias que fomenten la empatía, la solidaridad y la responsabilidad.

Y en el contexto de las comunidades compasivas, su papel se vuelve aún más grande, es un pilar clave. Es un agente fundamental para tejer esas redes de apoyo tan necesarias y fomentar una auténtica cultura del cuidado.

a) *Potencial de la escuela para generar una cultura del cuidado*

- *Detección de situaciones de vulnerabilidad.* Los profesores somos, a menudo, los primeros en detectar situaciones de dependencia, soledad o duelos en los alumnos o en sus familias.
- *Formación de ciudadanos compasivos.* La escuela tiene la capacidad única de educar a las futuras generaciones en valores que van más allá del éxito individual. Se trata de sembrar esa preocupación por el bienestar de todos y esa sensibilidad hacia quienes son más vulnerables. Formamos ciudadanos que entiendan que nos necesitamos unos a otros, capaces de actuar con compasión y transformar su entorno a mejor.
- *Normalización de la diversidad.* Al integrar la realidad de la dependencia y la discapacidad en el currículo y en la vida diaria del centro, contribuimos a desestigmatizar estas situaciones, fomentando la aceptación y el respeto por la diversidad humana.
- *Desarrollo de habilidades prosociales.* Con actividades bien pensadas, el alumnado puede «entrenar» y mejorar habilidades como la escucha activa, comunicarse con empatía, resolver conflictos sin dramas y colaborar. Todas esenciales para cuidar y cuidarnos.
- *Prevención de la soledad y el aislamiento.* Cuando en la escuela impulsamos las redes de apoyo y la conexión con la gente del barrio, estamos poniendo nuestro granito de arena para combatir esa soledad tan dura que a menudo sienten las personas dependientes y quienes las cuidan.

b) La escuela como catalizador de redes de apoyo

- *Puente entre generaciones*. La escuela puede facilitar encuentros significativos entre niños o adolescentes y personas mayores o con discapacidad, rompiendo barreras generacionales y fomentando el entendimiento mutuo.
- *Conexión con el entorno local*. Al colaborar con residencias, centros de día, asociaciones de discapacidad, servicios sociales y de salud, la escuela se integra en la red de cuidado de su comunidad, creando sinergias y enriqueciendo el aprendizaje de los alumnos.
- *Movilización de voluntariado*. La escuela puede ser un punto de partida para que los alumnos descubran el valor del voluntariado y se involucren en acciones de apoyo a personas vulnerables, tanto dentro como fuera del centro.

Ejemplos: aunque no siempre las llamemos «escuelas compasivas», hay una gran variedad de iniciativas que ya se están desarrollando y que demuestran lo increíble que es integrar el cuidado.

- *Proyectos de Aprendizaje-Servicio*. Escuelas que colaboran con residencias de mayores, llevando a cabo actividades artísticas, lecturas o simplemente compañía, generando beneficios mutuos.
- *Programas de «amigos mayores»*. Alumnos que establecen relaciones de amistad con personas mayores de la comunidad, a través de cartas, visitas o videollamadas.
- *Campañas de sensibilización*. Creación de materiales (vídeos, carteles, obras de teatro) por parte de los alumnos para concienciar sobre la discapacidad o la importancia de la inclusión.
- *Inclusión de testimonios*. Invitación a personas con discapacidad o cuidadores para compartir sus experiencias en el aula, humanizando las realidades que se estudian.

- *Proyectos de diseño inclusivo*[1]. Alumnos que investigan y proponen soluciones para hacer su entorno (escuela, barrio) más accesible para personas con diferentes capacidades.

3.2. Pedagogía del cuidado y la compasión

Para educar en el cuidado, no basta con hablar de él; es necesario vivirlo y experimentarlo a través de metodologías activas y participativas, que integren tanto la acción como la dimensión emocional y motivacional. No se trata de añadir una materia nueva en el horario. La clave es impregnar de cuidado y compasión todo el proceso educativo, en todas las áreas. Y el profesorado tiene que experimentar lo que se pretende que aprenda el alumnado.

Empezamos haciendo una diferenciación entre la pedagogía del cuidado y la pedagogía de la compasión. Nuestra propuesta es de integración, pero conviene conocer la diferencia.

- La *pedagogía del cuidado* se enfoca en la acción, la responsabilidad y la atención práctica a las necesidades. Busca desarrollar habilidades para identificar y responder de manera efectiva a la vulnerabilidad.
- La *pedagogía de la compasión* cultiva la resonancia emocional con el sufrimiento ajeno y la motivación intrínseca para aliviarlo. Implica el desarrollo de la empatía profunda y el deseo activo de actuar desde la bondad y la solicitud.

Ambas son intrínsecas para una educación integral: el cuidado es la manifestación de la compasión en la acción, y la compasión es la fuerza que da sentido y sostenibilidad al acto de cuidar. Pero algo muy importante: no puede haber compasión sin acción, pero puede haber cuidados sin compasión. Y quienes

---

[1] El diseño inclusivo busca crear entornos, objetos o actividades que puedan ser utilizados por todas las personas, independientemente de sus capacidades o condiciones.

trabajamos en este sector conocemos a profesionales y voluntarios con buenas prácticas de cuidado, pero que no brotan desde la compasión. Y el receptor del cuidado nota la diferencia.

Principios clave de esta pedagogía:

- *Intencionalidad*: el cuidado y la compasión no pueden ser fruto de la casualidad. Hay que enseñarlos de forma explícita y sistemática.
- *Experiencia y práctica*: el aprendizaje se consolida a través de la vivencia, la participación activa y la reflexión sobre la acción.
- *Modelado*: el personal docente, y todo el personal del centro, somos figuras de referencia. Nuestra actitud y comportamiento son el mejor ejemplo.

Cómo hacerlo:

Los métodos y técnicas que se pueden aplicar para el desarrollo de esta pedagogía son varios. Destacamos los siguientes:

- *Aprendizaje Basado en Proyectos* (ABP). Permite a los alumnos investigar, diseñar y ejecutar proyectos relacionados con el cuidado, la dependencia o la discapacidad, abordando problemas reales y buscando soluciones creativas. Fomenta la autonomía, la investigación y el trabajo en equipo.
- *Aprendizaje-Servicio* (ApS). Combina el aprendizaje de contenidos curriculares con la realización de un servicio a la comunidad. Es una metodología idónea para el cuidado, ya que los alumnos no solo aprenden sobre la realidad de las personas vulnerables, sino que actúan para mejorarla, experimentando el impacto directo de sus acciones. En el Anexo 6 presentamos un ejemplo real desarrollado en Vinalesa (Valencia).
- *Círculos de diálogo y debate*. Crear espacios seguros donde los alumnos puedan expresar sus ideas, dudas y

sentimientos sobre el cuidado, la vulnerabilidad y la compasión, fomentando la escucha activa y el respeto por las diferentes opiniones.

- *Juegos de rol y simulaciones.* Ponerse en la piel de personas en situación de dependencia, cuidadores o profesionales, para comprender sus desafíos y perspectivas.
- *Estudio de casos.* Analizar situaciones reales o ficticias relacionadas con el cuidado, la ética y la toma de decisiones, promoviendo el pensamiento crítico y la reflexión moral.

Evaluación

La evaluación de estos aprendizajes no debe centrarse solo en el conocimiento adquirido, sino también, y muy especialmente, en el desarrollo de actitudes y habilidades relacionadas con el cuidado. Entre los diversos métodos de evaluación que se pueden utilizar destacamos especialmente los siguientes:

- *Observación* del comportamiento de los alumnos en el aula y en las actividades de grupo. Y registro de lo observado. En alguna de las actividades propuestas más adelante incluimos un modelo de registro para las observaciones.
- *Diarios de reflexión*: un espacio en el que los alumnos escriban sus aprendizajes, emociones y dilemas morales.
- *Coevaluación y autoevaluación.* Fomentar que los propios alumnos evalúen su grado de participación, colaboración y empatía, así como el de sus compañeros, promoviendo la metacognición sobre el cuidado.

Terminamos este apartado ofreciendo una tabla comparativa entre ambas pedagogías. Después verás varios ejemplos de cada una de ellas. Es una diferencia conceptual. Lo importante de nuestra propuesta es que ambas perspectivas vayan de la mano.

Tabla comparativa. Pedagogía del cuidado *vs.* pedagogía de la compasión

Dimensión	Pedagogía del cuidado	Pedagogía de la compasión
Enfoque	Centrada en la acción de atender las necesidades concretas de los demás.	Centrada en el reconocimiento del sufrimiento y la motivación para aliviarlo.
Objetivo principal	Desarrollar habilidades prácticas de cuidado y responsabilidad.	Cultivar la sensibilidad empática profunda y el compromiso afectivo.
Relación con el otro	Se focaliza en el apoyo activo, la presencia, la ayuda directa.	Se enfoca en la conexión emocional, la escucha profunda, el acompañamiento.
Valor clave	Responsabilidad ética y relacional.	Empatía activa con intención transformadora.
Competencias desarrolladas	Atención, organización, cooperación, ayuda eficaz.	Empatía, resonancia emocional, sentido del propósito, compasión activa.
Evaluación	Observación de conductas solidarias, cooperación, resolución de problemas.	Reflexión personal, expresión emocional, respuesta empática ante el dolor ajeno.
Lema simbólico	«Estoy aquí para ayudarte».	«Siento contigo y quiero aliviar tu dolor».

Ejemplos de pedagogía del cuidado

- Proyecto ABP sobre accesibilidad: el alumnado analiza barreras arquitectónicas en su escuela y propone mejoras reales.
- Rincón de ayuda mutua: un espacio visible en clase donde los alumnos ofrecen o piden apoyo concreto (material, emocional o académico).

- Cuidado de un huerto escolar: fomenta la constancia, la cooperación y la atención a lo vivo.

Ejemplos de pedagogía de la compasión

- Testimonios en primera persona: personas con dependencia o sus cuidadores comparten su historia en el aula, seguida de una actividad de expresión emocional.
- Círculo de palabra tras un suceso doloroso: se facilita un espacio donde los alumnos comparten sentimientos de duelo o frustración, escuchándose sin juzgar.
- Campaña de cartas a personas mayores en soledad: los alumnos escriben mensajes que buscan consolar y acompañar desde una mirada humana y empática.

3.3. El abordaje de la muerte y el duelo en el aula

La *muerte*, aunque es una parte ineludible de la vida, ha sido tradicionalmente un tema tabú en el ámbito educativo. Sin embargo, las experiencias recientes (como la pandemia de COVID-19) y la propia filosofía de las comunidades compasivas nos urgen a integrarla en nuestra pedagogía del cuidado. Abordar la muerte y el duelo en el aula, de forma sensible y adaptada a la edad, es una expresión profunda de compasión.

En etapas más avanzadas (ESO), se puede introducir también el concepto de *cuidados paliativos*, raramente trabajado en las aulas. Cuando ya no se puede curar, todavía se puede y debe cuidar. Los cuidados paliativos buscan mejorar la calidad de vida y el bienestar de las personas con enfermedades avanzadas y de sus familias, dignificando el proceso final de la vida. Son un ejemplo de cuidado compasivo. Esto demuestra que el cuidado no termina cuando no hay posibilidad de curación, sino que se transforma.

Al abordar este tema en el aula queremos:

- *Normalizar la muerte como parte del ciclo vital.* Contribuyamos a desmitificar la muerte, presentándola como un proceso natural e inevitable de la vida. Esto ayuda al alumnado a desarrollar una visión más completa de la existencia y a gestionar mejor las pérdidas.

- *Desarrollar la inteligencia emocional y la resiliencia.* Abordar el duelo permite al alumnado explorar y expresar emociones complejas (tristeza, rabia, miedo) en un entorno seguro, fomentando su capacidad de resiliencia ante las adversidades.

- *Fomentar la empatía y el acompañamiento.* Se crea un espacio para que el alumnado desarrolle empatía hacia compañeros que puedan estar pasando por un duelo, y aprendan a ofrecer apoyo, escucha y compañía a quienes sufren una pérdida.

- *Desarrollar el sentido de trascendencia.* La muerte nos enfrenta a preguntas que van más allá de lo inmediato y nos invita a reflexionar sobre el sentido de la vida, el valor de los vínculos y lo que dejamos en los demás. Sin necesidad de entrar en creencias religiosas (salvo que el contexto sea el adecuado), podemos ayudar al alumnado a conectar con una dimensión más profunda de la existencia: lo que nos une a otros, lo que permanece en la memoria colectiva, y cómo nuestras acciones pueden tener un impacto más allá de nuestra presencia física. Cultivar esta mirada trascendente fortalece la resiliencia y enriquece la educación emocional.

Consideraciones pedagógicas y estrategias. En el anexo 5 presentamos varias propuestas concretas de actividades para trabajar este tema en el aula. Exponemos aquí solo unas consideraciones básicas:

- Lenguaje claro y sincero. Utilizar un lenguaje adecuado a la edad, evitando eufemismos y metáforas confusas y siendo honestos.

- Crear un espacio seguro y de confianza. Fomentar la expresión libre de sentimientos sin juicio. No decirles cómo deberían sentirse o actuar.
- Escucha activa y validación emocional. Dejar que expresen lo que sienten (tristeza, rabia, confusión, miedo) sin quitarle importancia. Validar sus emociones es el paso número uno.
- Recursos didácticos adaptados. Cuentos (Primaria), documentales, lecturas, testimonios (con consentimiento) o visitas (en ESO) a profesionales de cuidados paliativos o asociaciones de duelo.
- Promover ritualidades significativas. Reflexionar sobre la importancia de los rituales de despedida en diferentes culturas y religiones.
- Enfoque en la vida y el recuerdo. Más allá del dolor de la pérdida, enfatizar la importancia de honrar la memoria y valorar la vida.
- Colaboración con especialistas y familias. Si surge una situación de duelo en el aula, coordinarse con el orientador escolar, psicólogos y familias.
- Situación personal del docente. No se puede tratar este tema en el aula si el propio docente no se siente capaz de abordarlo o si tiene un problema de duelo no superado.

3.4. Diseño de un ambiente de aula cuidador

El ambiente físico y emocional del aula (lo que se ve y lo que se siente) debe ser un reflejo de los valores que se quieren transmitir. Para ello, como mínimo, deberíamos plantearnos los siguientes objetivos:

- *Fomentar la comunicación empática y el respeto mutuo.* Establezcamos normas claras de comunicación, donde cada voz sea valorada y se promueva el silencio para escuchar al otro desde la empatía. Creemos un entorno seguro, con un clima de confianza que favorezca que los alumnos se expresen sin miedo a ser juzgados. Un clima donde los errores sean oportunidades de aprendizaje y no motivos de burla.

- *Respetar y valorar la diversidad.* Celebrar las diferencias individuales como una fortaleza. Fomentar que se acepte e incluya a todas las personas ¡sin etiquetas ni peros!
- *Promover la colaboración y el apoyo entre iguales.* Diseñemos actividades que requieran el trabajo en equipo y la ayuda mutua. Fomentemos el rol de «compañero/a tutor» o «amigo/a de apoyo» para alumnos que necesiten ayuda. Celebremos los logros colectivos y la superación de desafíos en grupo.
- *Gestión emocional y resolución pacífica de conflictos.* Enseñemos al alumnado a identificar, expresar y gestionar sus propias emociones y las de los demás. Proporcionemos herramientas para la resolución de conflictos a través del diálogo, la negociación y la mediación, evitando la confrontación y la agresión.

Si tú, lector, te dedicas a la educación, me dirás que estos objetivos son básicos en cualquier asignatura y práctica docente. Y es cierto. ¿Hay algún docente que no promueva en el aula la escucha y el respeto mutuo, la colaboración y una adecuada gestión emocional para resolver conflictos? Es verdad, los hay. Pero confiemos en que sean una minoría. Lo importante en este punto es tomar conciencia de que aquello que normalmente deberíamos promover en el aula es la base para construir una cultura del cuidado. Si no logramos alcanzar esos objetivos mínimos nunca podremos construir un ambiente de aula cuidador.

Una última consideración: para crear este ambiente en el aula hay que procurar que el entorno físico sea también acogedor y funcional. Un aula que sea un «refugio»: limpia, ordenada, con materiales que todos puedan usar y rincones para jugar, descansar o concentrarse. Que se vea en cada detalle que aquí valoramos el cuidado y la diversidad.

3.5. El papel del docente como modelo de cuidado

El docente compasivo no es solo un transmisor de conocimientos, sino un facilitador de experiencias transformadoras. Su presencia, su escucha activa y su ejemplo son el motor que impulsa la cultura del cuidado en el aula y, por extensión, en la sociedad. En este sentido, el docente es también un modelo a seguir. Este modelado de la compasión lo desarrolla en tres dimensiones:

- Cuidado hacia el alumnado:

  Establezcamos relaciones de confianza, escuchemos de verdad, reconozcamos sus necesidades, mostremos empatía ante sus dificultades y celebremos sus logros. Desde una actitud compasiva tratemos a cada alumno como un ser único. Seamos para ellos, chicos y chicas, un ejemplo de cómo se mira y se aborda la vulnerabilidad, la diversidad y el sufrimiento con la dignidad y el respeto que merecen cuando se tiene una mirada compasiva.

- Cuidado hacia sí mismo (autocuidado del docente):

  Seamos compasivos con nosotros mismos. Con todos los matices de género oportunos, reconozcamos nuestros propios límites, busquemos apoyo cuando lo necesitemos, gestionemos el estrés y mantengamos un equilibrio entre la vida profesional y personal. Un docente que se cuida, cuida de forma más efectiva. Es fundamental para no quemarse y que la pasión por enseñar se mantenga viva.

- Cuidado hacia el equipo docente y la comunidad educativa:

  Extendamos esta mirada compasiva a nuestros compañeros y compañeras, a las familias y a toda la comunidad educativa. Fomentemos la colaboración, el apoyo mutuo, la comunicación constructiva y el respeto entre todos, con una especial sensibilidad hacia los más vulnerables y necesitados de cuidados. Promovamos una cultura de cuidado en toda la escuela y que se proyecte al entorno.

Ser modelos de cuidado no implica tener todas las respuestas ni ser personas perfectas. Implica comprometernos con una práctica educativa coherente, sensible y humana. Y, sobre todo, implica cuidar mientras enseñamos.

Para ayudarte a poner en marcha esta cultura del cuidado en tu aula, teniendo en cuenta las tres dimensiones anteriores, te proponemos 10 acciones concretas –simples pero poderosas– que puedes empezar a incorporar desde ya. No requieren grandes recursos, pero sí una mirada atenta, disposición genuina y una pizca de coraje cotidiano.

10 cosas que puede hacer un docente para cultivar el cuidado en su aula	
Acción	Descripción
1. Modela lo que predicas.	Tratar a cada alumno con respeto, atención plena y calidez humana.
2. Cuida tu propio bienestar.	Mostrar autocuidado y hablar abiertamente de la importancia de poner límites saludables.
3. Nombra las emociones.	Fomentar que el alumnado identifique y exprese lo que siente, sin juicios.
4. Fomenta el «ver al otro».	Dar espacio a quienes están más callados, mirar más allá de las conductas visibles.
5. Crea momentos de cuidado entre iguales.	Promover dinámicas de «amigos/as de apoyo» o grupos que se ayuden mutuamente.
6. Celebra los gestos de cuidado.	Visibilizar los pequeños actos de ayuda o empatía en el aula.

10 cosas que puede hacer un docente para cultivar el cuidado en su aula	
7. Incluye la compasión en los conflictos.	No solo resolver, sino reflexionar juntos sobre cómo afecta el conflicto al otro.
8. Haz del aula un espacio cálido.	Que el ambiente físico y emocional diga «aquí estás seguro/a y eres valioso/a».
9. Vincularos con el entorno.	Iniciar pequeños proyectos con el barrio, residencias o asociaciones locales.
10. Muestra humanidad y vulnerabilidad (con medida).	No tener miedo a compartir emociones, reconocer errores o expresar cercanía sincera. La compasión se enseña también mostrando que somos humanos, no perfectos.
¿Se te ocurren más? Añádelas y compártelas con tus compañeros.	

El desafío de la implementación: el rol del docente en Primaria vs. Secundaria

La estructura pedagógica de cada etapa escolar presenta desafíos y oportunidades distintas para la implementación de este manual. Abordar esta realidad es clave para que las actividades se apliquen con éxito en cada contexto.

El modelo de Primaria: la fuerza del vínculo

En Educación Primaria, el modelo de un maestro-tutor permite construir un vínculo profundo y constante con los alumnos. Este contexto es ideal, ya que la confianza y el conocimiento mutuo son la base para abordar temas de vulnerabilidad y cuidado. El docente puede integrar de manera fluida las actividades del manual en diferentes asignaturas a lo largo del día, reforzando los conceptos de forma continua y sirviendo como un modelo coherente de valores.

El reto de Secundaria: la necesidad de una cultura de centro

En la Educación Secundaria, el modelo por asignaturas fragmenta la relación entre profesor y alumno, lo que puede dificultar la construcción de un vínculo tan estrecho. En este contexto, la mayor efectividad del manual depende, necesariamente, de que se adopte como un *proyecto de centro*. El enfoque ideal debe ser *transversal*, donde cada profesor incorpore la filosofía del cuidado en su materia.

El docente de Secundaria, además de ser un modelo en su aula, debe convertirse en un promotor de la cuidadanía en su departamento y en el claustro, fomentando una cultura escolar donde los valores del cuidado sean visibles en todas las interacciones. La coordinación entre el profesorado no solo amplifica el mensaje, sino que valida su importancia ante el alumnado. Lo que no quita valor a las iniciativas individuales de un docente y su capacidad de impacto, aun sin contar con la implicación del resto del claustro.

3.6. Vinculación con los Objetivos de Desarrollo Sostenible (ODS) y la Agenda 2030

El contenido de esta *Guía* se alinea directamente con los principios de la Agenda 2030 para el Desarrollo Sostenible, adoptada por la ONU en 2015. Dicha agenda establece 17 Objetivos de Desarrollo Sostenible (ODS) que deben guiar las políticas públicas y las prácticas educativas hacia un mundo más justo, sostenible e inclusivo. Posiblemente los estéis trabajando en vuestro centro. Aquí queremos señalar cómo esta propuesta educativa contribuye, entre otros, al logro de los siguientes ODS:

ODS 3. Salud y bienestar: *«Garantizar una vida sana y promover el bienestar para todos en todas las edades»*.

El cuidado emocional, la empatía y la compasión fomentadas en el aula son factores clave para el bienestar mental y social. Enseñar al alumnado a cuidar y dejarse cuidar mejora su salud emocional y reduce el estrés, el aislamiento o el acoso escolar.

ODS 4. Educación de calidad: *«Garantizar una educación inclusiva, equitativa y de calidad y promover oportunidades de aprendizaje durante toda la vida para todos»*.

Este proyecto promueve una educación que no solo transmite conocimientos, sino que educa en valores y desarrolla competencias clave para la vida, como la inteligencia emocional, la ciudadanía activa y la inclusión social.

ODS 5. Igualdad de género: *«Lograr la igualdad de género y empoderar a todas las mujeres y niñas»*.

Incorporar la ética del cuidado como valor transversal ayuda a visibilizar tareas tradicionalmente feminizadas, reconociendo su valor social y promoviendo que hombres y mujeres nos repartamos las responsabilidades de cuidado de forma más justa.

ODS 10. Reducción de las desigualdades: *«Reducir la desigualdad en y entre los países»*.

Promover la empatía y la compasión favorece la implicación en la lucha contra la desigualdad y la discriminación, así como el apoyo a las medidas de protección social. De especial interés cuando se aplica en el aula con personas con diversidad funcional y ante situaciones de dependencia, favoreciendo una escuela más inclusiva y justa.

ODS 16. Paz, justicia e instituciones sólidas: *«Promover sociedades pacíficas e inclusivas para el desarrollo sostenible»*.

El trabajo sobre la empatía y la compasión desde la infancia fortalece las relaciones pacíficas, el diálogo y la resolución no violenta de conflictos, pilares esenciales de una cultura de paz dentro y fuera de la escuela.

Cuidar no es solo una virtud ética, es un acto profundamente político y transformador. Cuando educamos para cuidar, sembramos las raíces de un mundo más justo, solidario y sostenible.

Capítulo 4

Actividades prácticas para el aula

En este capítulo te proponemos una serie de actividades y dinámicas pensadas para que tus alumnos desarrollen el valor del cuidado, la empatía y la compasión. Algunas de ellas no te resultarán novedosas, pero les damos un nuevo marco de significado.

Las hemos organizado por ciclos educativos y se apoyan en todo lo que hemos visto en los capítulos anteriores sobre fundamentos teóricos y neurociencia. Queremos que sean experiencias que dejen huella, que no se queden solo en lo cognitivo, sino que impulsen el desarrollo de esas competencias socioemocionales tan importantes y formen una ciudadanía que se preocupe de verdad por el bienestar de todos. Las actividades más destacadas, las que creemos que te resultarán más útiles, las hemos ampliado en los anexos. Son estas:

- Anexo 1. Actividades para trabajar el Decálogo de la compasión.
- Anexo 2. Ejemplos de textos para elaborar las tarjetas de autocuidado que te proponemos en una de las actividades.
- Anexo 3. Actividades para identificar y trabajar las situaciones de dependencia y las necesidades de apoyo.
- Anexo 4. Ejemplo de meditación guiada sobre la compasión.

- Anexo 5. Actividades para trabajar la muerte y el duelo en el aula.
- Anexo 6. Ejemplo real de una experiencia de trabajo intergeneracional entre un colegio y una residencia de mayores.

Las actividades que te proponemos en este capítulo son solo ideas, una base para que las adaptes a tu estilo y a las circunstancias de tu aula, así como al contexto del centro. Tú eres quien mejor conoce a tus alumnos, así que ¡a darles tu toque! Y si te apetece ir más allá, con las pautas que te dimos en el capítulo 1 puedes diseñar muchas más actividades por tu cuenta.

En principio, las actividades aquí propuestas encajan muy bien dentro del horario de tutorías o en las asignaturas de Valores sociales y cívicos, Educación ética y cívica o Religión. Pero ¡no te limites! También puedes adaptarlas para otras materias. Aquí tienes una tabla con algunas ideas:

Asignatura	Sugerencias de trabajo del cuidado y la compasión
Ciencias Sociales	• Analiza el papel del Estado del bienestar y los servicios públicos. • Estudia el envejecimiento demográfico y el impacto del cuidado en la sociedad. • Investiga el reparto de roles de cuidado en distintas culturas y épocas. • Trabaja proyectos sobre desigualdad social, soledad no deseada y exclusión.
Expresión Artística / Música	• Crea murales, canciones o performances sobre el cuidado, la empatía o el acompañamiento. • Ilustra emociones vinculadas a la experiencia del cuidado. • Usa la expresión plástica o musical para homenajear a personas cuidadoras.

Asignatura	Sugerencias de trabajo del cuidado y la compasión
Lengua Castellana y Literatura	• Lee relatos, poemas o testimonios vinculados al cuidado o la dependencia. • Escribe textos empáticos (cartas, diarios, ficciones breves) desde la perspectiva de quien cuida o es cuidado. • Analiza cómo se representa la compasión en la literatura.
Educación Física	• Propón juegos cooperativos que fomenten el apoyo y la inclusión. • Incluye dinámicas donde se cuide del compañero (guías, acompañamientos, actividades con los ojos cerrados, etc.). • Trabaja el respeto al ritmo del otro y la empatía corporal.
Biología / Ciencias Naturales	• Trata temas como la salud, la enfermedad y el envejecimiento desde una perspectiva humana y social. • Reflexiona sobre el cuidado del cuerpo y de los otros como parte de la salud comunitaria. • Explora el sistema nervioso y las emociones desde la neurobiología del cuidado.

A continuación, exponemos primero las actividades para el último ciclo de Primaria (5.º y 6.º) y luego pasaremos a las de 3.º y 4.º de la ESO. Las hemos organizado en 7 ejes. Cada eje responde a un tipo de experiencia que, al ser repetida y emocionalmente significativa, moldea las conexiones neuronales y fortalece habilidades personales y sociales clave.

Ejes de trabajo	Vinculación neuroeducativa
Eje 1. Experiencia emocional y empática.	Activa el sistema de neuronas espejo, la ínsula anterior y la corteza cingulada anterior, facilitando la empatía visceral y la identificación con el otro.

Ejes de trabajo	Vinculación neuroeducativa
Eje 2. Entrenamiento de la compasión y la regulación emocional.	Fortalece la corteza prefrontal, el hipotálamo y el núcleo accumbens, centros vinculados al bienestar emocional, la compasión sostenible y la resiliencia.
Eje 3. Proyectos de cuidado en la comunidad escolar y local.	Estimulan el estriado ventral y el circuito de recompensa, que generan placer altruista, motivación intrínseca y sentido de propósito.
Eje 4. Cuidado de uno mismo.	Regula el eje del estrés crónico (hipotálamo-hipófisis-adrenal) y mejora la conciencia corporal y emocional, fundamentales para el autocuidado.
Eje 5. Cuidado del entorno natural y del planeta.	La conexión con la naturaleza reduce la actividad de la amígdala y refuerza la empatía ecológica y la autorregulación emocional.
Eje 6. Cuidado frente a la violencia y la discriminación.	Trabaja la corteza prefrontal ventromedial, relacionada con la toma de perspectiva y el juicio moral. Ayuda a reconstruir vínculos y prevenir conductas agresivas.
Eje 7. Cuidado en la vida digital.	Entrena la empatía cognitiva en entornos abstractos, fortaleciendo la autorregulación en redes sociales, videojuegos o mensajería.

4.1. Antes de empezar: gestionando las expectativas y la realidad del aula

La neurociencia nos ha demostrado que la empatía y la compasión son habilidades que se pueden entrenar, tal como se ejercita un músculo. Sin embargo, es crucial que el personal docente aborde este trabajo con una perspectiva realista, evitando la frustración que surge al no obtener resultados inmediatos o universales. La neuroplasticidad nos recuerda que el cerebro puede cambiar a lo largo de toda la vida, pero requiere experiencias repetidas, significativas y emocionalmente seguras.

Es fundamental comprender que este «entrenamiento» no es un proceso automático. La. capacidad de reaccionar con compasión está influenciada por una compleja red de factores, incluyendo la genética, la historia personal, el entorno familiar, el estado emocional del momento y el desarrollo cerebral particular del alumno.

Algunos alumnos pueden no tener la capacidad de sentir empatía (ya sea por factores genéticos, por un desarrollo aún inmaduro o por defensas psicológicas). Otros pueden sentir empatía, pero la vivencian como una carga emocional tan grande que reaccionan con distrés empático (sobrecarga) y se desconectan para protegerse. Su indiferencia, burla o agresividad es, en realidad, una forma de protegerse, de autoconservación.

En los casos más complejos, no es realista esperar que los alumnos sientan empatía o compasión. Aquí es donde es importante reconocer los límites de la pedagogía en el aula. El rol del docente no es tratar patologías, sino cultivar el potencial humano. Ante estos desafíos, la meta no debe ser lograr que sientan empatía, sino enseñarles *comportamientos prosociales*. Es decir, pueden no sentir la emoción, pero sí pueden aprender a actuar de manera adecuada por respeto a las normas sociales y a la dignidad del otro.

Para estos casos, la clave es:

1. *Mantén la constancia y la paciencia*. El desarrollo de estas habilidades es un proceso lento.
2. *Valida todas las respuestas emocionales*. En lugar de juzgar la indiferencia, usa preguntas para abrir un diálogo seguro. Preguntas como «Veo que este tema te genera malestar. ¿Quieres compartir por qué te sientes así?» o «¿Cómo reaccionas cuando ves a alguien sufrir?» pueden abrir un espacio seguro de diálogo. El objetivo inicial no es que sientan compasión, sino que reconozcan su propia reacción.
3. *Céntrate en el autocuidado del alumno*. A menudo, la hostilidad es una proyección de su propio dolor, por lo que necesita herramientas para gestionar sus propias emociones antes de poder conectar con las de los demás.

El manual está diseñado para trabajar con la mayoría de los alumnos, que se beneficiarán de estas actividades. Sin embargo, ante comportamientos muy marcados y persistentes, es crucial consultar con el equipo de orientación del centro. Esto es un acto de cuidado y responsabilidad hacia el alumno y el resto de la comunidad escolar.

4.2. Actividades para el último ciclo de Educación Primaria

Características clave del alumnado (10-12 años): en esta etapa, los niños piensan de forma más concreta, necesitan experiencias vivenciales y afectivas, y valoran el juego, el relato y el reconocimiento emocional. Las actividades se centrarán en la experimentación directa, la expresión de emociones y el reconocimiento de la diversidad.

Eje 1. Experiencia emocional y empática

Objetivo: conectar con la realidad de las personas dependientes para activar esas neuronas espejo y las zonas del cerebro ligadas a las emociones.

Actividad 4.2.1: «Un día siendo otro» (Taller de simulación de dependencia)	
Descripción	Los alumnos, por turnos y en parejas o pequeños grupos, experimentarán limitaciones físicas o sensoriales mientras intentan realizar tareas cotidianas en el aula o en un espacio seguro. Pueden usar vendas en los ojos para simular ceguera (intentar caminar sorteando obstáculos, dibujar, encontrar objetos), guantes gruesos para simular dificultades de motricidad fina (abrocharse botones, coger objetos pequeños, utilizar cubiertos...), o intentar desplazarse en silla de ruedas (si se dispone de una y un espacio seguro).
Materiales	Vendas para los ojos, guantes de jardinería o de cocina gruesos, silla de ruedas (opcional), objetos cotidianos.
Tiempo	45-60 minutos.

Desarrollo	• Explicación de la actividad y normas de seguridad (siempre bajo supervisión).
	• Realización de las simulaciones por turnos.
	• Reflexión guiada. Al finalizar cada simulación, se abre un diálogo con preguntas como:
	¿Qué sentí al no poder ver / moverme con facilidad?
	¿Qué dificultades tuve para realizar la tarea?
	¿Cómo me gustaría ser tratado si estuviera en esa situación?
	¿Qué descubrí sobre las personas que viven con estas limitaciones?

Actividad 4.2.2: «Historias que inspiran» (Relatos ilustrados y audiovisuales)	
Descripción	Lectura de cuentos, visionado de vídeos cortos o fragmentos de películas que presenten personajes en situaciones de cuidado, que necesiten ser cuidados o que muestren actos de bondad y ayuda. Se priorizarán historias con un enfoque positivo, inclusivo y resiliente.
Materiales	Libros de cuentos, películas, vídeos (en internet se puede encontrar abundante material).
Tiempo	45-60 minutos.
Desarrollo	• Lectura del cuento o proyección del material audiovisual.
	• Diálogo en grupo sobre los personajes y situaciones:
	¿Qué emociones sentían?
	¿Qué necesidades tenían?
	¿Cómo se ayudaron entre ellos?
	¿Qué podemos aprender de esta historia?
	¿Cómo se aplica esto a nuestra vida diaria?
	• Creación de dibujos, pequeñas secuencias de cómic o un breve escrito inspirados en los actos de cuidado de la historia.

Eje 2. Entrenamiento de la compasión y regulación emocional

Objetivo: fortalecer el circuito de la compasión y la autorregulación afectiva, entrenando la capacidad de cuidar sin agotamiento emocional.

Actividad 4.2.3: «Nuestra pausa compasiva»	
Descripción	Al inicio o al final de la jornada escolar, o de una sesión específica, se dedica un breve espacio para la calma y la reflexión compasiva.
Materiales	Ninguno (opcional: música suave, cojines).
Tiempo	5 minutos.
Desarrollo	• El docente guía una respiración profunda y consciente. • Se invita a los alumnos a cerrar los ojos (si se sienten cómodos) y a imaginar a alguien querido que pueda necesitar ayuda o cuidado (un familiar, un amigo). • Se repiten mentalmente frases sencillas de compasión, como: «Estoy aquí para ti», «Te acompaño», «No estás solo», «Deseo que estés bien». • Se finaliza con una respiración profunda y la vuelta a la actividad

Actividad 4.2.4.: «Mi bitácora del corazón» (Diario del cuidado)	
Descripción	Cada alumno tendrá un pequeño cuaderno o «bitácora» donde registrará semanalmente, con dibujos o frases cortas, acciones de cuidado que haya observado, recibido o realizado. También pueden dibujar o escribir cómo se sintieron al cuidar o al ser cuidados o sus emociones al observar acciones de cuidado de otras personas.
Materiales	Cuadernos pequeños, lápices de colores.
Tiempo	10-15 minutos semanales.

Desarrollo	• El docente introduce la idea de la «bitácora del corazón». • Cada semana, se dedica un tiempo para que los alumnos piensen y registren sus experiencias relacionadas con el cuidado. • Opcional: si quieren y de forma voluntaria, pueden compartir sus escritos, de forma anónima o en pequeño grupo, y establecer un diálogo sobre esas experiencias. *Variación (también válida para Secundaria)*: de forma alternativa o complementaria, se puede hacer un *mural interaulas* para que expresen sus emociones. Esto requiere un acuerdo entre los docentes cuyas aulas comparten la misma zona. Se coloca el mural en el pasillo, con rotuladores de colores. Cada color representa una emoción. Cada alumno que quiera, de forma anónima, anota lo que siente relacionado con el cuidado y la compasión. Importa tanto lo que se escribe como el color que se usa. Cuando hay suficiente material, se puede trabajar en el aula sobre lo expuesto en el mural y añadir la reflexión al cuaderno de bitácora personal. Otra opción es designar a un grupo de «Cronistas de la compasión» para que, periódicamente, analicen las tendencias del mural y presenten sus hallazgos al resto de la clase, manteniendo viva la reflexión. Posibles preguntas para la reflexión sobre el mural: • ¿Cuáles son las emociones que parecen dominar o que más se repiten en el mural (alegría, tristeza, frustración, esperanza, etc.)? ¿Cómo las habéis identificado? • ¿Hay algún color, símbolo o frase que se repita o que llame la atención de forma particular? ¿Qué podría significar esa recurrencia? • De todas las aportaciones del mural, ¿hay alguna historia o expresión que te haya tocado o resonado especialmente? ¿Por qué?

Desarrollo	• ¿Hay notas que sugieren incomodidad o vergüenza al necesitar ayuda o al no saber cómo ayudar? ¿Cómo podemos hacer que nuestra comunidad sea un lugar más seguro para mostrar vulnerabilidad? • Si eliges una aportación que no es tuya, ¿qué sentimiento crees que experimentaba la persona al hacerla? ¿Cómo te sientes tú al intentar ponerte en su lugar? • ¿Qué valor tiene que estas emociones y actos de cuidado **se** hagan públicos y visibles en un mural, en lugar de quedarse solo en una bitácora personal? • Si tuviéramos que crear dos «Reglas de oro» para la convivencia compasiva en el pasillo interaulas, basándonos solo en las notas y emociones del mural, ¿cuáles serían? ¿Cómo las aplicaríamos mañana mismo? • El mural está a la vista de varias aulas. ¿Creéis que las expresiones de cuidado y compasión motivan e inspiran a otros a actuar? ¿Qué estrategia propondríais para que el mural no sea solo una expresión, sino un motor de cambio? • Después de esta reflexión colectiva sobre el mural, ¿qué nuevo propósito o idea vas a añadir a tu bitácora personal del corazón? ¿Cómo te ha cambiado la perspectiva lo que han compartido los demás, aun de forma anónima?

Eje 3. Proyectos de cuidado en la comunidad escolar

Objetivo: activar el circuito de recompensa vinculado al altruismo y generar impacto social visible.

Actividad 4.2.5: «La cadena de favores: multiplicando la amabilidad»	
Descripción	Inspirada en la película *Cadena de favores* (*Pay It Forward*, 2000), esta actividad invita a los alumnos a iniciar una secuencia de actos de bondad que se propaguen. Cada alumno realiza un favor o un acto de cuidado por tres personas diferentes (dentro o fuera del centro, incluyendo familiares, vecinos, etc.), sin esperar nada a cambio, pidiendo a cada una de ellas que, a su vez, hagan un favor a otras tres (esto ya es un reto más difícil).
Materiales	Papel y lápiz para registrar los «favores» iniciales.
Tiempo	Introducción (15 min), seguimiento semanal (10 min), reflexión final (45 min). Duración del proyecto: 2-3 semanas.
Desarrollo	• Ver un breve fragmento de la película *Cadena de favores* (o explicar la idea central). • El docente explica el concepto de «cadena de favores»: hacer un bien a alguien y pedirle que lo «pague hacia adelante» (*pay it forward*) a otros. • Cada alumno piensa en 3 actos de bondad o cuidado que pueda realizar por personas diferentes. • Se anima a los alumnos a registrar de forma anónima (en un buzón del aula) los favores que hicieron y las reacciones, o los que recibieron. • Al final, se hace una reflexión grupal: ¿Fue fácil hacer un favor sin esperar nada a cambio? ¿Qué sentiste al hacerlo? ¿Qué pensaste cuando lo recibiste? ¿Qué impacto puede tener esto en nuestra comunidad?

Actividad 4.2.6.: «Equipo cuidador» (Tareas colaborativas con roles de cuidado)	
Descripción	En cualquier proyecto o tarea grupal (p. ej., preparar una presentación, un mural, un trabajo de investigación sencillo, un trabajo práctico de cualquier asignatura), se asignarán roles rotativos que enfaticen el cuidado dentro del equipo, asegurando la participación y el bienestar de todos.
Materiales	Los propios de la tarea grupal.
Tiempo	Integrado en las dinámicas de trabajo grupal.
Desarrollo	Antes de empezar la tarea, se definen los roles de «cuidado» para cada equipo. Los roles rotan en diferentes sesiones o proyectos para que todos experimenten cada función. Ejemplos de roles de cuidado: • Escucha activa: se asegura de que todos los miembros del equipo tengan la oportunidad de hablar y de que sus ideas sean escuchadas. • Animador/a: ofrece palabras de ánimo y apoyo, celebra los avances del equipo y ayuda a mantener el buen ambiente. • Apoyo silencioso: observa las dificultades de los compañeros y ofrece ayuda discreta si es necesario, sin imponerse. • Conciliador/a: ayuda a mediar si surge algún desacuerdo, buscando puntos en común y soluciones que beneficien a todos. • Inclusor/a: se asegura de que nadie se quede fuera o se sienta excluido, invitando a la participación a los más callados o tímidos. • Recordatorio amable: recuerda las normas de respeto y buen trato si el ambiente se tensa o alguien es irrespetuoso. Al finalizar la tarea, se evalúa no solo el producto, sino también cómo se desempeñaron los roles de cuidado y la calidad de la colaboración, a través de una breve autoevaluación o coevaluación del equipo.

Eje 4. Cuidado de uno mismo (autocuidado emocional y corporal)

Objetivo: desarrollar hábitos de autorregulación emocional, higiene del sueño, alimentación, descanso y conciencia corporal.

Actividad 4.2.7: «Mi rincón de calma y las tarjetas de autocuidado»	
Descripción	Crear un espacio pequeño y accesible en el aula (un rincón, una caja de materiales) con elementos que ayuden a los niños a relajarse y gestionar sus emociones (p. ej., cojines, peluches, libros de cuentos, una bola antiestrés, mensajes positivos, una lista de «cosas que me hacen sentir bien»). Complementar este espacio con el uso de «tarjetas de autocuidado» que los alumnos pueden elegir y practicar.
Materiales:	Elementos de confort; las tarjetas de autocuidado (ver Anexo 2).
Tiempo:	Uso individual y libre durante momentos designados, o en pequeños grupos. Introducción: 30 minutos.
Desarrollo:	• Presentar el rincón y sus materiales, explicando cómo pueden usarlos. • Introducir las tarjetas de autocuidado (entregando una copia a cada alumno o teniéndolas en el rincón). Explicar que son ideas para cuidarse a uno mismo cuando uno se siente triste, enfadado, cansado o estresado. • Practicar en grupo algunas de las técnicas (p. ej., una respiración profunda, un estiramiento suave). • Fomentar que los alumnos usen el rincón y las tarjetas cuando necesiten un momento de calma, para reflexionar sobre cómo se sienten o para recargar energías.

Eje 5. Cuidado del entorno natural y del planeta

Objetivo: desarrollar sensibilidad ecológica y conciencia del impacto de nuestras acciones en el medio ambiente.

Actividad 4.2.8: «Nuestro pequeño jardín de cuidado» (Huerto escolar o jardín colectivo)	
Descripción	Si el centro lo permite, crear y mantener un pequeño huerto escolar o un jardín con plantas que requieran cuidado. Los alumnos serán responsables de regar, cuidar y observar el crecimiento.
Materiales	Semillas, tierra, macetas / arriates, herramientas de jardinería.
Tiempo	Semanal o quincenal.
Desarrollo	• Investigación sobre las plantas y sus necesidades. • Preparación del terreno / macetas y siembra. • Rotación de responsabilidades de cuidado. • Observación y registro del crecimiento. *(Si es un huerto, calcular los tiempos para que puedan recoger los frutos antes de acabar el curso. Si es jardín, no dejarlo abandonado durante el verano).*

Eje 6. Cuidado frente a la violencia y la discriminación

Objetivo: promover espacios escolares seguros, libres de acoso, microviolencias o discriminaciones.

Actividad 4.2.9.: «La telaraña de la amistad y la inclusión»	
Descripción	Los alumnos se sientan en círculo. Uno tiene un ovillo de lana o una cuerda y, mientras sujeta un extremo, lanza el ovillo a un compañero al otro lado del círculo, diciendo algo que valora de él o cómo puede cuidarlo. El compañero que recibe el ovillo sujeta un trozo y lo lanza a otro, repitiendo el proceso, hasta que se teje una «telaraña» que conecta a todos. Luego, el desafío es deshacer la telaraña volviendo a lanzar el ovillo en orden inverso, mientras cada uno repite «Yo soy parte de esta red».
Materiales	Un ovillo de lana o cuerda de buen tamaño.

Tiempo	30-45 minutos.
Desarrollo	• Los alumnos se sientan en círculo. El docente introduce el ovillo y explica la dinámica. • Se crea la telaraña mientras se expresan mensajes positivos y de conexión. • Una vez tejida la red, se reflexiona sobre cómo todos están conectados y cómo las acciones de uno afectan a los demás. • Se deshace la telaraña, enfatizando que para «soltar» el hilo, se debe recordar que «somos parte de esta red» y que el apoyo es mutuo.

Actividad 4.2.10: «Los superhéroes del buen trato»	
Descripción	Los alumnos, en grupos, crearán cómics o murales donde se representen situaciones de acoso o exclusión en la escuela (sin identificar a personas reales) y cómo los «superhéroes del buen trato» (personajes que ellos mismos diseñen) intervienen para cuidar, proteger y fomentar la inclusión. Se centrará en la importancia de no ser un espectador pasivo y de pedir ayuda.
Materiales	Papel grande, lápices, rotuladores, materiales de dibujo, plantillas de cómic.
Tiempo	Varias sesiones de 45 minutos
Desarrollo	• Diálogo inicial sobre qué es el acoso y cómo afecta a las personas. • *Brainstorming* de ideas sobre los «superhéroes» y las situaciones. • Creación de los cómics / murales, prestando atención a la representación de las emociones y las soluciones. • Exposición y presentación de los trabajos a la clase o a otras aulas.

Eje 7. Cuidado de las relaciones digitales (cuidado en la vida online)

Objetivo: reflexionar sobre cómo afectan nuestras interacciones en redes sociales, videojuegos y plataformas digitales, tanto a nivel emocional como social.

Actividad 4.2.11: «Mensajes que cuidan»	
Descripción	Los alumnos explorarán cómo el lenguaje digital puede afectar emocionalmente a otras personas. A partir de ejemplos reales o simulados de mensajes (WhatsApp, chat de videojuegos, etc.), reflexionarán sobre cómo reformular esos mensajes para que expresen respeto, empatía o cuidado. Terminarán elaborando su propio «código de buen trato digital» para el aula o grupo.
Materiales	Cartulinas o plantillas de mensajes, rotuladores, proyector (opcional, para mostrar ejemplos reales o simulados).
Tiempo	55 minutos.

Desarrollo	*Introducción* (10 min): el docente presenta una breve charla sobre cómo nuestras palabras en redes sociales, chats o juegos online pueden herir, incluso cuando no lo notamos. Se plantean preguntas tipo:
	• ¿Alguna vez algo que te dijeron por mensaje te hizo sentir mal? ¿Crees que habrías dicho eso en persona?
	Análisis de ejemplos (10 min): se presentan 3 o 4 mensajes comunes (anónimos o simulados) y se pregunta al grupo:
	• ¿Cómo se puede sentir la persona que lo recibe?
	• ¿Cómo podríamos reformularlo para que «cuide»? Ejemplo:
	  o «¡Qué ridículo eres jugando!» / «Hoy no te salió bien, pero sigues mejorando».
	  o «No te quiero en mi equipo» / «Podemos probar con otros grupos para que todos estemos cómodos».

Desarrollo	*Creación de «mensajes que cuidan»* (15 min): los alumnos crean sus propios ejemplos de mensajes transformados, con dibujos o emojis. Se recopilan en un mural para el aula, o se plastifican como recordatorio visual.

Reflexión grupal (20 min): posibles preguntas:

- ¿Por qué nos resulta más fácil ser duros o hirientes detrás de una pantalla que cara a cara? ¿Qué responsabilidad tenemos con la persona si no podemos ver su reacción de inmediato?
- Piensa en un comentario negativo. ¿Cómo puede ese mensaje afectar no solo a la persona que lo recibe, sino a su familia, a su desempeño en la escuela o al ambiente del grupo? Hablamos del «rastro digital» que dejamos.
- A veces no atacamos, pero tampoco intervenimos. ¿Qué significa «no cuidar por omisión»? ¿Cómo se siente una persona cuando ve que otros leen un mensaje dañino y nadie dice nada?
- Propón una regla para ti mismo antes de publicar. Por ejemplo: «Solo envío un mensaje si estoy dispuesto a decirlo en voz alta a mi mejor amigo/a o a la persona más vulnerable que conozco». ¿Qué otros «filtros» podríamos crear para usar en línea?
- ¿Cómo puedes usar un «mensaje que cuida» no solo para evitar el daño, sino para detenerlo cuando ves que alguien más lo está recibiendo? ¿Qué mensaje de apoyo enviarías al que sufre?
- ¿Hasta qué punto sería diferente la experiencia digital si todos usáramos estos «mensajes que cuidan»? ¿Qué podemos hacer para que nuestra comunidad escolar sea la primera en lograrlo? |

4.3. Actividades para el último ciclo de Educación Secundaria Obligatoria

Características clave del alumnado (15-16 años): en esta etapa, los adolescentes piensan de forma más abstracta, buscan un sentido a lo personal y social, pueden conectar sus emociones a causas más grandes y son capaces de reflexionar de forma crítica. Por eso, las actividades que te proponemos tocan temas más complejos y fomentan la investigación, el debate y la acción social

Eje 1. Experiencia emocional y empática

Objetivo: activar esas neuronas espejo y las zonas emocionales del cerebro, acercando a tus alumnos a la realidad de las personas dependientes, pero yendo más allá, profundizando en su autonomía, dignidad y derechos.

Actividad 4.3.1: «Viviendo la diferencia»	
Descripción	Similar a la actividad 4.2.1. de Primaria, pero ahora con un enfoque más reflexivo y analítico. Los alumnos experimentarán limitaciones (vendas en ojos, uso de silla de ruedas, etc.) mientras intentan realizar tareas más complejas (p. ej., ir a la cafetería escolar, usar un cajero automático simulado, interactuar en una situación social, buscar información en la biblioteca).
Materiales	Vendas, sillas de ruedas (si disponibles), guantes, escenarios simulados, materiales para las tareas.
Tiempo	1 o 2 sesiones de 50 minutos.
Desarrollo	• Realización de las simulaciones. • Debate y reflexión crítica grupal: ¿Qué barreras arquitectónicas o sociales encontré? ¿Cómo se ven afectados la autonomía y la dignidad de las personas en estas situaciones? ¿Qué derechos deberían garantizarse para una plena inclusión? ¿Cómo puedo ser un agente de cambio para promover la inclusión y la accesibilidad?

Actividad 4.3.2: «Voces del cuidado»	
Descripción	Invitar a personas con discapacidad, cuidadores informales o profesionales del sector (gerocultores, enfermeras, terapeutas, voluntarios de cuidados paliativos) a compartir sus experiencias en el aula, preferiblemente si son del entorno próximo al centro. También se pueden utilizar cortometrajes o documentales breves de alta calidad que presenten historias reales y conmovedoras[1]. Preparar previamente a los alumnos para una escucha activa y respetuosa. Si en el centro hay algún alumno con discapacidad, y está dispuesto a participar, darle un especial protagonismo: cómo condiciona su vida la discapacidad, como se adapta a las circunstancias, cómo se siente en el centro, experiencias significativas, tanto positivas como negativas, etc.
Materiales	Proyector, equipo de sonido, lista de preguntas preparadas por los alumnos.
Tiempo	50 minutos (según el interés mostrado, se podría hacer alguna sesión más a lo largo del año).
Desarrollo	Presentación del invitado / material audiovisual, contextualizando su experiencia. Espacio para preguntas y debate respetuoso: • ¿Qué sientes ante esta experiencia? • ¿Cuáles son los mayores desafíos y recompensas del cuidado? • ¿Cómo podemos como sociedad apoyar mejor a estas personas? • ¿Qué mitos o estigmas existen sobre la dependencia o la enfermedad terminal? • ¿Cómo podemos hacer visibles las profesiones del cuidado? • ¿Qué podemos hacer desde la escuela para fomentar una comunidad más compasiva?

---

[1] En YouTube se encuentran fácilmente; busca «historias de superación de personas con discapacidad».

Eje 2. *Entrenamiento de la compasión y regulación emocional*

Objetivo: fortalecer el circuito de la compasión y la autorregulación afectiva, entrenando la capacidad de cuidar sin agotamiento emocional.

Actividad 4.3.3: «Meditación de la compasión y autocompasión» (práctica guiada)	
Descripción	Sesiones cortas (5-10 minutos) de meditación guiada enfocadas en la compasión hacia uno mismo y hacia los demás. Se puede utilizar audios de meditación compasiva o guiar directamente la práctica. Incluir la reflexión sobre la importancia del autocuidado para poder cuidar a otros.
Materiales	Opcional: Altavoz para audio guía.
Tiempo	10-15 minutos por sesión.
Desarrollo	• Breve explicación de la compasión y la autocompasión, destacando su base neurocientífica. • Guía de la meditación (p. ej., centrarse en la respiración, luego expandir un sentimiento de bondad hacia uno mismo, luego hacia un ser querido, luego hacia una persona neutral, y finalmente hacia alguien que sufre). • Breve espacio para compartir sensaciones o dificultades, normalizando las emociones que puedan surgir. *En el anexo 4 encontrarás un ejemplo de meditación guiada.*

Actividad 4.3.4.: «El valor de mi cuidado» (Diario del cuidado reflexivo)[2]	
Descripción	Los alumnos llevarán un diario personal donde registrarán sus experiencias de cuidado (cuando cuidan o son cuidados), sus reflexiones sobre la importancia del cuidado en la sociedad, y cómo se sienten al respecto. Especialmente si participan en proyectos de aprendizaje-servicio. Alternativamente, o de modo complementario, pueden incluir dilemas morales, preguntas como «¿Qué tipo de sociedad promueve el cuidado?» o «¿Qué aprendí de cuidar?», así como reflexiones sobre la escasez de profesionales del cuidado y cómo esto les interpela.
Materiales	Cuadernos, bolígrafos.
Tiempo	15-20 minutos semanales.
Desarrollo	• Presentación del diario como un espacio de reflexión personal, ética y social. • Propuesta de temas o preguntas guía semanales, animando a la profundidad reflexiva. • Espacio opcional y confidencial para compartir reflexiones si lo desean.

Eje 3. Proyectos de cuidado en la comunidad escolar y local

Objetivo: activar ese «circuito de recompensa» que nos da el altruismo y lograr un impacto social real, impulsando proyectos de acompañamiento en la comunidad.

---

[2] En el anexo 6 se puede ver el ejemplo de cómo funciona un «Diario de registro» en una experiencia intergeneracional real en un proyecto de aprendizaje-servicio. Esta experiencia se puede adaptar a otras situaciones.

Actividad 4.3.5.: «Cuidar nos hace humanos» (Campaña de sensibilización)	
Descripción	Los alumnos diseñarán y producirán materiales comunicativos (*podcasts*, vídeos cortos para redes sociales, publicaciones en blogs, campañas de posters o infografías) para sensibilizar a la comunidad escolar y local sobre la importancia del cuidado, la inclusión de personas con dependencia o discapacidad, la dignidad de los cuidadores, y la urgencia de atraer nuevos profesionales al sector
Materiales	Acceso a cámaras, micrófonos, programas de edición de audio y vídeo (básicos), *software* de diseño gráfico, etc.
Tiempo	Varias sesiones, puede ser un proyecto de varias semanas.
Desarrollo	• Investigación profunda sobre la temática (datos del capítulo 2, entrevistas a profesionales y usuarios). • *Brainstorming* de mensajes clave, enfoques creativos y formatos adecuados. • Producción de los materiales en equipos, fomentando la calidad y el rigor en la información. • Difusión de la campaña en el centro educativo y, si es posible, en medios locales o redes sociales, buscando un impacto real.

Actividad 4.3.6.: «Puentes de vida» (Proyecto de acompañamiento comunitario / ApS)	
Descripción	Desarrollar un proyecto de Aprendizaje-Servicio que implique la colaboración directa y significativa con una entidad de cuidado local (residencia de mayores, centro de día, asociación de personas con discapacidad, hospital con unidad de cuidados paliativos, centro de atención a la infancia vulnerable). Las actividades pueden incluir visitas de acompañamiento, creación de materiales adaptados, dinamización de talleres, apoyo en actividades recreativas o la elaboración de libros de vida / memorias.

Materiales	Dependerán del proyecto específico (material de lectura, juegos, material artístico, dispositivos para grabación, etc.).
Tiempo	Proyecto de varias semanas o un trimestre, con seguimiento continuo.
Desarrollo	• Contacto y acuerdo con la entidad colaboradora, definiendo roles y expectativas. • Formación previa a los alumnos sobre el contexto, las necesidades de las personas, las normas de comportamiento y la ética del cuidado. • Realización de las actividades de acompañamiento o servicio, con supervisión y apoyo del docente. • Sesiones de reflexión posteriores a la actividad: ¿Qué aprendí de esta experiencia? ¿Cómo me sentí al cuidar/acompañar a estas personas? ¿Qué desafíos encontré y cómo los superé? ¿Qué impacto creo que tuvo mi acción en los demás y en mí mismo? ¿Cómo ha cambiado mi perspectiva sobre la dependencia, la discapacidad o el final de la vida? *En el anexo 6 tienes una experiencia real desarrollada en un colegio a lo largo de un curso escolar.*

Eje 4. Cuidado de uno mismo (autocuidado emocional y corporal)

Objetivo: ayudarles a crear hábitos de autorregulación emocional, a cuidar su sueño, alimentación, descanso y a ser más conscientes de su propio cuerpo.

Actividad 4.3.7: «Taller de manejo del estrés y autocuidado»	
Descripción	Sesiones interactivas que aborden temas como la gestión del tiempo, técnicas de relajación (respiración profunda, *mindfulness*, relajación muscular progresiva), la importancia del sueño, la alimentación equilibrada, la actividad física y la resiliencia. Se pueden incluir herramientas como el «Diarios del cuerpo» para registrar sensaciones y necesidades, y la reflexión sobre la importancia de pedir ayuda.
Materiales	Folletos informativos, acceso a recursos *online* (Apps de *mindfulness*, vídeos de ejercicios), espacio para practicar técnicas.
Tiempo	45-60 minutos por sesión.
Desarrollo	• Presentación de la temática y discusión abierta sobre el estrés adolescente (académico, social, emocional). Según el resultado de este debate se pueden concretar otros temas posteriores. • Práctica guiada de 2-3 técnicas de relajación o *mindfulness*. • Elaboración de un «plan de autocuidado» semanal personal, con compromisos realistas. • Reflexión sobre el autocuidado como base para poder cuidar a otros de forma sostenible.

Eje 5. Cuidado del entorno natural y del planeta

Objetivo: desarrollar sensibilidad ecológica y conciencia del impacto de nuestras acciones en el medio ambiente.

Actividad 4.3.8: «Eco-acción: cuidando nuestro planeta»	
Descripción	Investigación y diseño de una campaña de concienciación sobre un problema ambiental local o global (p. ej., gestión de residuos en el centro, impacto del consumo digital, ahorro de agua o energía, biodiversidad urbana). Los alumnos pueden crear obras de arte con materiales reciclados, desarrollar propuestas para mejorar la sostenibilidad del centro, o incluso presentar sus ideas al ayuntamiento o a la dirección del centro.

Materiales:	Acceso a internet, materiales reciclados, recursos para campaña (software, cartulinas, etc.).
Tiempo	Proyecto de varias semanas, interdisciplinar.
Desarrollo	• Investigación profunda sobre el tema ambiental elegido, analizando causas y consecuencias. • Análisis del impacto y posibles soluciones a nivel individual, local y global. • Diseño y ejecución de la campaña de concienciación, buscando la máxima difusión. • Evaluación del impacto de la campaña y propuestas de continuidad.

Eje 6. Cuidado frente a la violencia y la discriminación

Objetivo: Promover espacios escolares seguros, libres de acoso, microviolencias o discriminaciones.

Actividad 4.3.9.: «Círculos restaurativos: construyendo convivencia»	
Descripción	Implementación regular de círculos restaurativos en el aula o en pequeños grupos para abordar conflictos, mejorar la comunicación y construir comunidad. En estos círculos, se fomenta la escucha activa, la expresión de sentimientos, el reconocimiento del daño y la búsqueda colaborativa de soluciones y reparación.
Materiales	Espacio en círculo, objeto de palabra (que se pasa para indicar quién tiene la palabra).
Tiempo	Sesiones regulares (p. ej., una vez al mes), 45-50 minutos.
Desarrollo	• Establecer las normas del círculo: antes de empezar, repasar las «Reglas de la palabra» (hablar desde el «yo», no juzgar, escucha sin interrumpir, confidencialidad de lo tratado en el círculo). • Uso de preguntas restaurativas para explorar lo sucedido, el impacto en los afectados, y las necesidades para reparar el daño y seguir adelante.

Desarrollo	• El docente no juzga ni sugiere castigos. Su función es mantener la seguridad y la neutralidad, asegurando que las preguntas guíen la conversación hacia la comprensión mutua y la reparación. Interviene solo para reformular preguntas o redirigir la conversación si se centra en la culpa. • Los círculos deben incluir un momento de seguimiento en la sesión posterior (p. ej., una semana después) para comprobar si los acuerdos se han cumplido y si las relaciones se han restaurado. *Guía detallada de preguntas restaurativas*: Las preguntas deben ser usadas de forma secuencial, guiando la conversación a través de las cuatro fases clave del proceso restaurativo. Fase 1. Exploración del suceso (¿Qué pasó?): • Para la persona que causó el daño o conflicto: ¿qué pasó exactamente? ¿Qué estabas pensando y sintiendo en ese momento? ¿Qué has pensado y sentido desde entonces? Propósito: recoger la perspectiva de quien actuó. Fase 2. Exploración del impacto (¿Quién salió afectado y cómo?): • Para la persona afectada o testigos: cuando esto sucedió, ¿qué pensaste y sentiste? ¿Qué ha sido lo más difícil para ti como resultado de esto? ¿Cómo te ha afectado lo que pasó, o lo que se dijo, a ti y a otras personas (amigos, familia, el grupo)? Propósito: que el responsable visualice y comprenda el impacto emocional y relacional de su acción. Fase 3. Identificación de necesidades y asunción de responsabilidad (¿Qué necesitamos?): • Para la persona que causó el daño o conflicto: al ver cómo se ha sentido [la persona afectada], ¿qué te gustaría hacer ahora para mejorar la situación o reparar el daño? ¿Qué responsabilidad sientes en que esto haya pasado o en que no vuelva a ocurrir? ¿Qué necesitas tú para poder hacer esa reparación?

Desarrollo	• Para la persona afectada: para poder sentirte mejor y seguir adelante, ¿qué necesitas de [la persona responsable]? (Por ej., una disculpa sincera, que reparen algo, que no se repita). ¿Qué necesitarías del resto de la clase para sentir que este espacio es seguro de nuevo?
	Fase 4. Cierre y acuerdo (¿Qué haremos ahora?):
	• Para todo el círculo: ¿qué acuerdo concreto (específico, medible y temporal) vamos a establecer para reparar el daño? ¿Cómo vamos a asegurarnos, como grupo, de que este acuerdo se cumpla? ¿Cómo nos va a ayudar esta experiencia a ser una comunidad más compasiva y cuidadosa a partir de ahora?
	Sugerencia: usar el «objeto de la palabra»:
	El objeto de la palabra es un elemento físico fundamental utilizado en los círculos restaurativos y otras prácticas dialógicas. Debe ser un objeto seguro, que se pueda sostener fácilmente. Lo ideal es que sea algo elegido por el propio grupo y que tenga un valor simbólico.
	Su función es simple pero vital: solo la persona que lo sostiene tiene derecho a hablar. Esto obliga a los demás participantes a practicar la escucha profunda sin interrumpir ni formular mentalmente su respuesta. Otorga el poder de la voz por igual a todos y favorece el flujo de la conversación, haciendo que el proceso sea predecible y seguro.

Actividad 4.3.10: «Laboratorio de microviolencias: desmontando el acoso»	
Descripción	Los alumnos analizarán vídeos, noticias o casos de estudio (reales o ficticios) sobre situaciones de microviolencias, acoso escolar o ciberacoso. Identificarán las dinámicas de poder, los roles (agresor, víctima, espectador), y las consecuencias emocionales. Diseñarán estrategias de intervención para prevenir o detener estas situaciones desde una perspectiva de cuidado y protección.

Materiales	Proyector, acceso a internet, casos escritos, pizarra.
Tiempo	60 minutos por sesión.
Desarrollo	• Presentación de un caso y análisis grupal de los elementos. • Debate sobre el impacto emocional en las víctimas y la responsabilidad de los espectadores. • *Brainstorming* de estrategias de intervención: ¿qué podemos decir? ¿A quién podemos pedir ayuda? ¿Cómo podemos cuidar a la víctima? • Creación de guiones para dramatizaciones o campañas cortas para visibilizar y actuar contra las microviolencias

Eje 7. Cuidado de las relaciones digitales (cuidado en la vida online)

Objetivo: reflexionar sobre cómo afectan nuestras interacciones en redes sociales, videojuegos y plataformas digitales, tanto a nivel emocional como social.

Actividad 4.3.11: «Detrás de la pantalla: empatía digital»	
Descripción	Análisis de casos reales o simulados de ciberacoso, difusión de rumores o indiferencia online. Los alumnos dramatizarán las situaciones y reflexionarán sobre las consecuencias emocionales y el papel del «espectador». Crearán «códigos de convivencia digital» basados en el cuidado, el respeto y la responsabilidad en el entorno *online*.
Materiales	Vídeos cortos (simulaciones), casos escritos, pizarrón, dispositivos electrónicos (si se usan habitualmente en clase).
Tiempo	50 minutos.
Desarrollo	• Presentación de un caso de interacción digital conflictiva o dañina. • Dramatización y debate sobre los sentimientos de los involucrados (emisor, receptor, espectadores).

Desarrollo	• Análisis de la «empatía digital»: la capacidad de imaginar cómo se siente alguien al recibir un mensaje o imagen, y la importancia de la intencionalidad de los mensajes. • Elaboración de un decálogo o «códigos de convivencia digital» del aula o del centro, incluyendo qué hacer si uno es víctima o testigo.

4.4. Evaluación del progreso y el impacto

La evaluación en este proyecto no busca una calificación sumativa, sino comprender el proceso de desarrollo de los alumnos en relación con el cuidado y la compasión. Es una evaluación formativa, que permite ajustar las actividades y ofrecer retroalimentación para el crecimiento personal.

4.4.1. Criterios de evaluación

Dimensión cognitiva (conocimiento y comprensión):

a) Identifica y describe diferentes situaciones de vulnerabilidad, de dependencia y de discapacidad (física, sensorial, intelectual).

b) Comprende el papel de las personas cuidadoras (formales e informales) y sus principales desafíos, incluyendo la escasez de profesionales.

c) Reconoce la interdependencia humana y la importancia del cuidado para el bienestar individual y colectivo.

d) Diferencia entre empatía y compasión, y su relevancia en el trato a los demás.

e) Entiende la muerte y el duelo como partes del ciclo vital, y la importancia de los cuidados paliativos (solo ESO).

Dimensión emocional y actitudinal (sentimientos y disposiciones):

a) Muestra empatía, es decir, la capacidad de percibir y comprender las emociones de los demás.

b) Muestra compasión, manifestando un deseo de aliviar el sufrimiento ajeno y ofreciendo apoyo.

c) Manifiesta actitudes de respeto, aceptación y valoración hacia la diversidad funcional, las personas en situación de vulnerabilidad y las familias.

d) Reconoce la importancia del autocuidado para su propio bienestar y para poder cuidar a otros de manera sostenible.

e) Adopta una actitud proactiva ante situaciones de desigualdad, discriminación, acoso o violencia, mostrando solidaridad.

Dimensión conductual y social (acciones y habilidades):

a) Participa activamente en dinámicas de simulación y *role playing*, reflexionando críticamente sobre la experiencia.

b) Colabora de forma constructiva en trabajos en equipo, asumiendo roles de cuidado y apoyando a sus compañeros.

c) Aplica habilidades de escucha activa y comunicación empática en las interacciones presenciales y digitales.

d) Propone o participa en acciones concretas de cuidado en el aula, en el centro o en la comunidad (proyectos de ApS, campañas de sensibilización, cadena de favores).

e) Utiliza un lenguaje inclusivo y respetuoso al referirse a la dependencia, la discapacidad y la muerte.

4.4.2. Instrumentos de evaluación

a) Rúbrica de observación del docente

El docente utilizará esta rúbrica para observar y registrar el progreso del alumnado en los criterios mencionados. Puede ser aplicada periódicamente (p. ej., al final de cada unidad temática o proyecto) para observar la evolución.

Criterio	Nivel 1 Inicial: necesita apoyo constante	Nivel 2 En proceso: muestra indicios	Nivel 3 Consolidado: actúa de forma autónoma	Nivel 4 Avanzado: inspira y lidera
Reconoce las necesidades del otro	No identifica señales de necesidad o vulnerabilidad en compañeros o en los ejemplos presentados.	Identifica algunas señales básicas de necesidad cuando son evidentes o se le señala.	Reconoce diversas formas de necesidad (física, emocional, social) en el entorno cercano o en el contexto de las actividades.	Comprende y anticipa necesidades de forma activa y proactiva, mostrando sensibilidad a señales sutiles.
Muestra empatía	Se muestra indiferente o reacciona con dificultad ante las emociones ajenas.	Escucha o responde ocasionalmente con empatía ante el sufrimiento o la alegría de otros.	Responde de forma empática con frecuencia, intentando comprender la perspectiva del otro.	Integra la empatía como parte fundamental de su forma de relacionarse, mostrando una comprensión profunda.
Actitudes de cuidado	Muestra actitudes de descuido, falta de consideración o, en ocasiones, rechazo.	Muestra cuidado solo cuando se le indica, o de forma reactiva ante una situación.	Cuida y respeta a los demás de forma autónoma, integrando el buen trato en su interacción diaria.	Promueve activamente el cuidado entre sus compañeros, sirviendo de modelo e inspirando acciones positivas.

Criterio	Nivel 1 Inicial: necesita apoyo constante	Nivel 2 En proceso: muestra indicios	Nivel 3 Consolidado: actúa de forma autónoma	Nivel 4 Avanzado: inspira y lidera
Reflexiona sobre el valor del cuidado	No expresa reflexión o sus comentarios son superficiales.	Repite ideas simples sobre el cuidado; su reflexión es limitada.	Hace reflexiones personales relevantes y coherentes sobre la importancia del cuidado para sí mismo y para los demás.	Realiza análisis críticos y profundos sobre el cuidado, proponiendo mejoras a nivel social y sistémico.
Participación activa y colaborativa	No se involucra en las actividades o muestra resistencia al trabajo en equipo.	Participa de forma pasiva en las actividades y colabora mínimamente en equipo.	Participa activamente en las actividades y colabora de forma constructiva en trabajos grupales.	Lidera o impulsa acciones de cuidado en el grupo, animando a la participación y facilitando la colaboración.

Esta rúbrica es una guía, un punto de partida. Siéntete libre de adaptarla y añadir criterios más específicos según las actividades que hagas y lo que necesites en tu aula. Se recomienda utilizarla para dar feedback *cualitativo.*

b) Cuestionario de autopercepción sobre empatía y compasión (para uso formativo y de reflexión)

Este cuestionario permitirá a cada alumno reflexionar sobre su propia percepción de su desarrollo en empatía y compasión antes y después de las actividades. No es una escala validada científicamente para fines diagnósticos, sino una herramienta para la autoconciencia y el diálogo.

Instrucciones para el alumnado: Marca con una X el grado en que estás de acuerdo con cada frase. Piensa en cómo te sientes y actúas normalmente. No hay respuestas correctas o incorrectas, solo tu percepción.

Escala de respuesta: 1 = Nunca, 2 = A veces, 3 = Con frecuencia, 4 = Siempre

Afirmación	1	2	3	4
1. Me preocupo por cómo se sienten los demás.				
2. Intento entender por qué las personas actúan de cierta manera, incluso si no estoy de acuerdo.				
3. Me siento mal cuando veo a alguien sufriendo y quiero ayudarle.				
4. Sé identificar mis propias emociones cuando veo a alguien triste o contento.				
5. Ofrezco mi ayuda a mis compañeros o familiares cuando veo que la necesitan.				
6. Creo que es importante cuidar el medio ambiente y los animales.				
7. Intento ponerme en el lugar de las personas que son diferentes a mí.				
8. Cuando alguien me cuenta un problema, escucho con atención y sin juzgar.				
9. Me gusta hacer cosas que beneficien a otras personas, aunque no me lo pidan.				
10. Cuido de mí mismo/a (mi descanso, mis emociones) para sentirme bien.				

Análisis y reflexión (para el docente y el alumno)

- Realizar el cuestionario al inicio del proyecto (pre-test) y al finalizar (post-test).

- Comparar las respuestas individuales y grupales para observar posibles cambios en la autopercepción y como base para el diálogo.
- Utilizar los resultados como punto de partida para el diálogo en el aula: ¿qué ítems crees que has mejorado y por qué? ¿En qué acciones concretas se puede comprobar? ¿Qué has aprendido que te ayuda a ser más empático/a o compasivo/a? ¿Qué desafíos encuentras al intentar cuidar o ser compasivo?
- *Importante*: subrayar que no hay respuestas «correctas» o «incorrectas», y que el objetivo es la reflexión y el crecimiento personal.

c) Diario de reflexiones individuales («mi bitácora del corazón» / «el valor de mi cuidado»)

El contenido de los diarios será una fuente valiosa para que el docente evalúe la profundidad de la reflexión, la comprensión de los conceptos y la expresión emocional de los alumnos. No se trata de calificar, sino de comprender su proceso de aprendizaje y sus propias conclusiones.

Pautas: revisar periódicamente las entradas, ofrecer *feedback* cualitativo y animar a la expresión libre y sincera.

d) Producto final colaborativo

Los productos resultantes de los proyectos (carteles, vídeos, pódcast, presentaciones) permiten evaluar la aplicación de los conocimientos y habilidades en un contexto práctico y la capacidad de trabajar en equipo de forma cuidadosa y responsable.

Pautas: evaluar la originalidad, la claridad del mensaje, la coherencia con los objetivos del proyecto, y la calidad del proceso colaborativo.

e) Coevaluación y autoevaluación

Fomentar que los alumnos evalúen la participación y el apoyo mutuo dentro de sus grupos de trabajo, así como su propio desempeño en relación con los criterios de cuidado y compasión. Ejemplo de preguntas para coevaluación/autoevaluación:

- ¿Qué compañero/a demostró más empatía / compasión / cuidado en este proyecto y por qué?
- ¿Cómo ayudamos a que todos participaran?
- ¿Qué podrías haber hecho mejor para cuidar a tu equipo o a la persona / causa del proyecto?
- ¿Cómo te sentiste al recibir ayuda de tus compañeros?
- ¿Qué habilidad de cuidado crees que has mejorado más?

f) Consejos para el docente sobre la evaluación

- La evaluación del cuidado es más cualitativa que cuantitativa. Céntrate en cómo ha sido el proceso, en el esfuerzo, en lo que han reflexionado y en cómo ha crecido cada alumno.
- Proporciona retroalimentación constructiva, empática y específica. El objetivo es motivar el aprendizaje y el desarrollo, no desmotivar.
- Celebra los pequeños logros y los gestos de cuidado, por sencillos que parezcan. Hazlos visibles en el aula.
- La evaluación es una oportunidad para el diálogo, la meta-reflexión y el ajuste de la propia práctica docente.

Educar en el cuidado no es enseñar una lección más: es transformar la forma en que vivimos juntos. Cada actividad de este capítulo, junto con las propuestas en los anexos, es una semilla. Algunas germinarán rápido, otras más tarde. Pero todas tienen el poder de hacer del aula un lugar donde cuidarse, cuidar a los demás y cuidar el mundo. Y que se vuelva parte de lo cotidiano. Esa es, quizás, la revolución más silenciosa y urgente.

Capítulo 5

Más allá del aula:
tejiendo la comunidad compasiva

En este capítulo, vamos a ver cómo nuestro proyecto del cuidado puede ir más allá de las paredes del aula. La idea es implicar a toda la comunidad educativa (familias, personal no docente, dirección, asociaciones locales) y así sentar las bases para crear una comunidad compasiva de verdad. Te vamos a dar estrategias para que impliques a la mayor parte de personas que puedas. Te daremos ideas para llevar el impacto de este proyecto a tu localidad, inspirándonos en lo que ya hacen las ciudades y comunidades compasivas.

5.1. La escuela como eje de la comunidad compasiva

- *Rol de la escuela.* Entender la escuela no solo como un lugar de aprendizaje académico, sino como un nodo vital para el desarrollo social y emocional, y un agente de cambio en la promoción de una cultura del cuidado a nivel local.
- *Visión holística.* Promover una visión en la que el cuidado no sea una asignatura más, sino un valor transversal que impregne todas las áreas de la vida escolar y sus interacciones.

Ejemplo inspirador:

En un colegio de un pequeño municipio, un grupo de alumnos de 6.º de Primaria impulsó un proyecto de entrevistas a personas mayores del barrio para conocer sus historias de vida. Lo que comenzó como una actividad de aula derivó en un pódcast titulado *Voces con memoria*, difundido por la radio local con el apoyo del ayuntamiento. El entusiasmo generado llevó a la organización de un «Día del cuidado», donde familias, asociaciones y vecinos compartieron talleres, charlas y espacios de convivencia en el centro escolar y se impulsaron iniciativas de cuidado en el entorno. Esta experiencia sembró una semilla duradera: al curso siguiente se creó una comisión mixta de cuidado compuesta por personal docente, familias y alumnado para continuar tejiendo comunidad. Otros colegios se interesaron por la iniciativa para poder replicarla.

5.2. Estrategias para la implicación de la comunidad educativa

Son muchas las posibles estrategias para implicar a la comunidad educativa en este proyecto. Destacamos las siguientes:

a) Implicación de las familias

- Talleres para familias. Ofrecer sesiones informativas y participativas para padres, madres y tutores sobre la importancia del cuidado, la empatía y la compasión, y cómo pueden fomentarlos en el hogar.
- Materiales de apoyo. Compartir recursos y guías sencillas para las familias que deseen reforzar los valores del cuidado en el entorno familiar.

b) Canales de comunicación

Establecer vías de comunicación abiertas (circulares, blog escolar, reuniones) para informar sobre las actividades del proyecto y sus objetivos. Pero no solo informar sobre el proyecto, sino pensar en cómo *comunicar el valor del cuidado* de forma efectiva a diferentes audiencias.

- Redes sociales del colegio: ideas para usar Facebook, Instagram, etc., para mostrar el trabajo y los valores del cuidado.
- Boletines informativos: redactar mensajes que resuenen con las familias y la comunidad.
- Eventos abiertos: sugerencias para el diseño de eventos que atraigan y sensibilicen.
- Testimonios: recopilar y usar testimonios de alumnos, familias o miembros de la comunidad que se hayan beneficiado del proyecto.

c) *Formación e implicación del claustro y personal no docente*

- Sesiones de sensibilización: realizar formaciones para todo el personal de la escuela (profesorado, administración, personal de limpieza, comedor) sobre la ética del cuidado y su aplicación en sus respectivas funciones.
- Creación de un clima de cuidado interno: fomentar el autocuidado entre el personal y la creación de un ambiente de apoyo mutuo para prevenir el agotamiento (burnout) y modelar el comportamiento compasivo.

d) *«Embajadores del cuidado»: formación y rol del alumnado*

- Formación específica: darles herramientas de comunicación, resolución de conflictos y empatía para que puedan liderar iniciativas dentro y fuera del aula.
- Participación en eventos: que sean ellos los que presenten las actividades del colegio en eventos locales o visiten otras escuelas para compartir su experiencia.

e) Participación de la dirección y órganos de gobierno

- Liderazgo comprometido. La dirección debe liderar y apoyar activamente el proyecto, integrándolo en el Proyecto Educativo de Centro (PEC) y los planes de convivencia.
- Asignación de recursos. Garantizar los recursos (tiempo, materiales, espacios) necesarios para la implementación y sostenibilidad del proyecto.

f) Colaboración con la Asociación de Madres y Padres de Alumnos (AMPA)

- Involucrar a la AMPA en la organización de eventos, talleres o campañas de sensibilización relacionadas con el cuidado.

5.3. Tejiendo redes: la escuela como eje de una comunidad compasiva local

Un aspecto esencial de este proyecto es que vaya más allá de las aulas y que se trabaje en red con otras entidades. Esto implica una serie de pasos.

a) Identificación de necesidades locales

Realizar un diagnóstico de las necesidades de cuidado en el entorno cercano (personas mayores, personas con discapacidad, familias vulnerables, espacios naturales descuidados).

b) Alianzas estratégicas con entidades locales

- Centros de Salud y Sociales. Colaborar con centros de salud, centros de día, residencias de mayores, asociaciones de personas con discapacidad, servicios sociales.

- Ayuntamiento. Buscar el apoyo del ayuntamiento para iniciativas que promuevan el cuidado y la compasión a nivel municipal.
- Ciudad compasiva. Si la ciudad tiene el sello de ciudad compasiva, integrarse en el proyecto con el resto de las entidades.
- Voluntariado local. Conectar con asociaciones de voluntariado que puedan ofrecer experiencias significativas a los alumnos (proyectos de Aprendizaje-Servicio más estructurados).

c) *Alianzas con medios de comunicación locales*

Consejos prácticos sobre cómo contactar con radios locales, periódicos de barrio o televisiones comunitarias para dar visibilidad al proyecto.

- Preparación de notas de prensa sencillas. Guía sobre qué información incluir para que sea atractiva.
- Invitar a periodistas. Animarlos a cubrir eventos o actividades del proyecto.

d) *Proyectos de impacto comunitario*

- Campañas de sensibilización pública. Extender las campañas creadas por los alumnos (ver actividades del capítulo 4) a un público más amplio en la localidad (redes sociales municipales, medios de comunicación locales, eventos públicos).
- Días del cuidado: Organizar jornadas anuales o bianuales dedicadas al cuidado, con actividades abiertas a toda la comunidad (charlas, talleres, *stands* informativos, actuaciones).
- Proyectos intergeneracionales. Fomentar encuentros y actividades entre alumnos y personas mayores o con diversidad funcional de la comunidad (lectura compartida, talleres de memoria, creación de historias de vida).

e) Creación de un «Mapa del cuidado» local:

- Un proyecto para los alumnos (especialmente de ESO) para identificar los recursos de cuidado existentes en su localidad (asociaciones, centros de apoyo, iniciativas vecinales) y crear un mapa interactivo o físico para la comunidad.

5.4. Sostenibilidad y futuro del proyecto

Este proyecto está pensado para que tenga continuidad en el tiempo. Para ello proponemos una serie de ideas para su toma en consideración:

a) *Institucionalización.* Integrar el proyecto del cuidado dentro del Proyecto Educativo de Centro (PEC), contemplando su desarrollo en la Programación General Anual y vinculándolo a los planes de convivencia, igualdad y acción tutorial.

b) *Captación de recursos.* Más allá de la asignación de recursos propios que haga la dirección del centro, el trabajo de tejer alianzas también se debe concretar en convenios de colaboración dotados económicamente, estar pendientes de las diversas convocatorias de ayudas públicas o privadas a las que poder presentarse y ser creativos en las diversas formas de captación de recursos de todo tipo (no solo económicos) para el buen desarrollo del proyecto.

c) *Internacionalización.* Integrarse en redes internacionales que promuevan el valor del cuidado.

d) *Comisión del cuidado.* Crear una comisión mixta compuesta por personal docente, alumnado, familias y representantes del entorno social, para coordinar acciones, recoger sugerencias y garantizar la continuidad del proyecto año tras año.

e) *Evaluación participativa.* Realizar al finalizar cada curso una evaluación con instrumentos cualitativos (entrevistas, grupos focales) y cuantitativos (encuestas) para valorar el impacto del proyecto desde la mirada de todos los actores. Documentar los casos en los que el proyecto ha generado un impacto real (historias de éxito).

f) *Colaboración con universidades o centros de investigación.* Si es posible, buscar alianzas para hacer estudios más profundos sobre el impacto social del proyecto.

g) *Celebración de los logros.* Reconocer y celebrar públicamente los esfuerzos y los logros de la escuela y la comunidad en la construcción de una cultura del cuidado.

Una posibilidad de valorar la implicación de la comunidad en este proyecto es aplicar la siguiente escala. Proponemos cinco niveles distintos de implicación. El 1 y el 2 son relativamente fáciles de conseguir. El reto empieza a partir del nivel 3.

Escalera de implicación comunitaria		
Nivel	Acción posible	Actores implicados
1	Comunicación abierta y sensibilización	AMPA, asociaciones locales
2	Participación en eventos puntuales	Familias, alumnado
3	Colaboración estable en proyectos	Servicios sociales, residencias, centros de salud…
4	Codesarrollo de iniciativas	Ayuntamiento, entidades
5	Integración comunitaria sistemática	Comunidad escolar y entorno

Educar en el cuidado no termina cuando suena la campana. Lo que sembramos en el aula puede florecer en toda la comunidad, si tejemos puentes con quienes también sueñan con un mundo más humano.

El movimiento global de la compasión y su aterrizaje en la escuela

El presente manual (ver capítulo 1.1.) se inscribe dentro del paradigma de las *comunidades compasivas (y ciudades compasivas)* inspirado por Allan Kellehear y adaptado en España por redes como New Health Foundation o SECPAL, aunque desde una perspectiva más abierta a otras necesidades, como la que plantea el proyecto Vivir con Voz Propia de Vitoria. Pero es importante subrayar que esta corriente comparte principios y valores con otras iniciativas internacionales que promueven la compasión en contextos educativos y sociales con otros orígenes y enfoques.

Una de estas propuestas es la Charter for Compassion (https://charterforcompassion.org), una red global que promueve la creación de ciudades, comunidades y escuelas compasivas a través del compromiso activo con la empatía, la justicia y el cuidado mutuo. Las escuelas que se adhieren a esta red desarrollan proyectos educativos con un fuerte componente ético, emocional y comunitario, y acceden a recursos compartidos, formación y redes de colaboración internacional.

También merece ser mencionada la Compassionate Schools Network (https://www.compassionschools.org), nacida en Estados Unidos, que combina enfoques como el aprendizaje socioemocional, el *mindfulness* y el bienestar integral para desarrollar entornos escolares más humanos, especialmente atentos al impacto del trauma y la exclusión. Aunque con acentos distintos, estas propuestas convergen en su visión del cuidado como núcleo del desarrollo humano y social, y pueden ser fuente de inspiración y diálogo para quienes deseen enriquecer o expandir el alcance del proyecto educativo aquí propuesto.

Para tu escuela, esto significa que puedes:

- Conectar con la iniciativa local de «comunidad compasiva» (o «ciudad compasiva») si existe en tu municipio, integrando el trabajo de tu centro en esa red más amplia (como ya hemos explorado en este capítulo).
- Inspirarte y adoptar los principios de la «Carta de la compasión» para dar un marco global y reconocido al proyecto de tu escuela, incluso explorando sus recursos y programas específicos para centros educativos.
- Buscar ejemplos y buenas prácticas en redes de escuelas compasivas de otros países, adaptando sus metodologías a tu propio contexto y alumnado.

Conclusiones

Hemos elaborado este manual con la firme convicción de que educar en el valor del cuidado, la empatía y la compasión no es solo una opción, sino una necesidad clave en el siglo XXI. A lo largo de estas páginas, hemos explorado desde los fundamentos antropológicos, éticos, sociológicos y neurocientíficos que nos demuestran la importancia del cuidado, hasta propuestas prácticas para llevarlo al aula y estrategias para que vaya más allá, construyendo comunidades compasivas de verdad.

Hemos destacado que el cuidado es un constructo multidimensional que abarca:

- El *cuidado de uno mismo* (autocuidado). Es la base para poder cuidar a otros; implica gestionar tus emociones y cuidar tu bienestar físico y mental.
- El *cuidado de las personas* (sobre todo de las más vulnerables y dependientes). Es el corazón de este manual. Nos hemos centrado en la dignidad, los derechos y en cómo hacer visible que todos nos necesitamos, prestando atención a la diversidad funcional, la enfermedad y el final de la vida.
- El *cuidado de las relaciones y la comunidad*. Fomentando el buen trato, la prevención de la violencia y la construcción de lazos solidarios, tanto en el ámbito presencial como en el digital.

- El *cuidado del entorno natural*. La extensión de la ética del cuidado a nuestro planeta, reconociendo la interconexión con la naturaleza.

Hemos visto cómo la neurociencia apoya esta visión pedagógica. Nos ha demostrado que la empatía y la compasión no son solo cualidades con las que nacemos, sino habilidades que podemos moldear, entrenar y fortalecer a través de experiencias significativas y gracias a la plasticidad de nuestro cerebro.

Las actividades prácticas que te hemos propuesto, adaptadas a cada ciclo educativo, son herramientas dinámicas y flexibles. Queremos que te sirvan para convertir tu aula en un laboratorio de experiencias empáticas y compasivas, donde los alumnos no solo aprendan *sobre* el cuidado, sino que aprendan a cuidar y a cuidarse a sí mismos.

Finalmente, hemos vislumbrado cómo el proyecto puede extenderse más allá del aula, invitando a toda la comunidad educativa y local a tejer una red de apoyo mutuo, transformando la escuela en un motor de cambio para la creación de comunidades compasivas.

La integración del valor del cuidado en el proyecto educativo tiene un impacto transformador en múltiples niveles:

- En el *alumnado*. Favorece el desarrollo de la inteligencia emocional, la resiliencia, la moralidad prosocial y la capacidad de actuar con ética y responsabilidad. Un alumno que aprende a cuidar es un alumno más consciente de sí mismo, más conectado con los demás y más comprometido con el mundo.
- En el *clima escolar*. Contribuye a la creación de un ambiente de aprendizaje más seguro, inclusivo, respetuoso y solidario, reduciendo el acoso y la discriminación. La escuela se convierte en un espacio donde todos se sienten valorados y protegidos.
- En la *comunidad educativa*. Fortalece los lazos entre personal docente, familias y personal no docente, generando

una cultura de colaboración y apoyo mutuo que beneficia a todos sus miembros.

- En la *sociedad*. Al formar personas con una profunda ética del cuidado, la escuela contribuye a la construcción de una sociedad más justa, equitativa y humana, capaz de responder a los desafíos de la interdependencia y la vulnerabilidad.

Este manual es una invitación a la acción. Es un llamado al personal docente, equipos directivos escolares, familias y a la sociedad en su conjunto, para que asuman el liderazgo en la promoción de una *cultura del cuidado* que no solo enriquezca la experiencia educativa, sino que también prepare a las nuevas generaciones para ser agentes de transformación positiva en un mundo que demanda, más que nunca, empatía, compasión y responsabilidad colectiva.

Que este manual sea una herramienta inspiradora y práctica en el camino hacia la construcción de escuelas y comunidades donde el cuidado no sea una asignatura, sino el latido constante de la vida y el aprendizaje.

Epílogo

La interioridad como fuente de compasión[1]

La compasión es un modo de ser que se gesta en lo profundo de cada persona. Solo cuando aprendemos a habitar nuestro interior, a escucharnos con calma y a reconciliarnos con nuestra vulnerabilidad, somos capaces de ofrecer un cuidado auténtico y sostenido hacia los demás. La interioridad se convierte así en la fuente silenciosa que alimenta la ternura, la empatía y la fortaleza necesarias para acompañar la vida. Cultivar ese espacio interior es, en definitiva, la clave para que la compasión pueda florecer y transformarlo todo.

1. La compasión como viaje interior y exterior

A lo largo de estas páginas hemos explorado la importancia del cuidado y la compasión en la vida personal, social y educativa.

---

[1] Aunque algunas personas puedan asociar la palabra interioridad a algo religioso, son realidades distintas. Hay personas muy religiosas que no cultivan su interioridad y, a la inversa, personas no creyentes que sí la cultivan asiduamente. Una situación que cada vez es más frecuente. En este manual no le damos ningún significado religioso, aunque tampoco se excluye.

Hemos visto que cuidar no es solo una acción práctica, sino un modo de situarnos en el mundo: reconocer la vulnerabilidad propia y ajena, acompañar en la fragilidad, sostenernos mutuamente. Sin embargo, este viaje hacia el cuidado no comienza únicamente en el encuentro con los demás; antes nace en un lugar más íntimo: en nuestro propio interior.

La compasión tiene dos dimensiones inseparables: la exterior y la interior. Por un lado, se traduce en gestos concretos de ayuda, palabras de aliento y acciones solidarias. Pero, por otro lado, tiene una raíz interior: la capacidad de escuchar, de detenerse, de conectar con la fuente más profunda de humanidad que habita en cada persona. Si esa raíz no se cultiva, la compasión corre el riesgo de convertirse en un gesto superficial o pasajero. Cuando sí se cultiva, en cambio, se transforma en una actitud vital, en una manera de mirar y habitar el mundo.

Cultivar la compasión exige, por tanto, cuidar nuestra interioridad. Es allí donde se fragua la fuerza para sostener la fragilidad ajena sin quemarse, donde se aprende a integrar el dolor sin huir de él, donde brota la serenidad necesaria para acompañar sin prisa y sin miedo.

2. La interioridad como fuente de cuidado

Pero ¿qué entendemos por interioridad? No se trata de una evasión ni de un refugio narcisista. La interioridad es el espacio donde nos encontramos con lo más auténtico de nosotros mismos: nuestras emociones, pensamientos, intuiciones, heridas y sueños. Es el lugar donde aprendemos a ser conscientes de lo que vivimos, a darle nombre y a transformarlo en energía creadora.

La interioridad, lejos de aislarnos, nos conecta con la vida en todas sus dimensiones: con nuestro propio cuerpo y emociones, con los demás, con la naturaleza y, para algunas personas, con la trascendencia o lo religioso.

Desde la perspectiva neurocientífica, sabemos que las prácticas que favorecen la interioridad –el silencio, la meditación, la atención plena– tienen un impacto directo en nuestro cerebro y en nuestra manera de relacionarnos. La práctica regular de la atención plena, por ejemplo, fortalece la corteza prefrontal (relacionada con la toma de decisiones y la autorregulación), reduce la activación de la amígdala (asociada al miedo y la reacción automática) y estimula la secreción de neurotransmisores como la serotonina y la dopamina, vinculados al bienestar y la motivación prosocial.

La interioridad también es pedagógica: educar a los niños y jóvenes en la capacidad de parar, observarse y escucharse les brinda una herramienta fundamental para toda la vida; les permite manejar el estrés, reconocer sus emociones, cultivar la empatía y crecer como personas libres y responsables. Sin este anclaje interior, la educación corre el riesgo de ser solo acumulación de información; con él, se convierte en una auténtica escuela de humanidad.

3. Prácticas que cultivan la interioridad

El cultivo de la interioridad no requiere grandes recursos, pero sí una actitud de apertura y constancia. Podemos destacar algunas prácticas universales:

- *El silencio*. En un mundo saturado de ruido, el silencio se convierte en un bien escaso y necesario. El silencio no es vacío, sino espacio fértil donde la mente se aquieta y el corazón se abre. Aprender a valorar momentos de silencio en la escuela, la familia o el trabajo es ya un acto de resistencia frente a la superficialidad.
- *La escucha profunda*. Escuchar sin interrumpir, sin juzgar, sin querer resolver enseguida. Escuchar de verdad lo que el otro dice, pero también lo que calla. Esta escucha empieza por uno mismo: ser capaces de atender nuestras emociones y pensamientos con respeto y paciencia.

- *La meditación y la atención plena.* Existen múltiples tradiciones que nos enseñan a centrar la mente y abrir el corazón. Desde prácticas seculares de *mindfulness* hasta ejercicios espirituales en contextos religiosos, todas coinciden en entrenar la capacidad de presencia y apertura.
- *La naturaleza como maestra.* Estar en contacto con la naturaleza nos recuerda que somos parte de un ecosistema vivo, interdependiente y frágil. Pasear por un bosque, contemplar un amanecer o cuidar un huerto son prácticas que nos devuelven al aquí y al ahora, fortaleciendo nuestra interioridad.
- *Rituales cotidianos.* No hacen falta grandes experiencias extraordinarias. La interioridad se cultiva también en gestos sencillos: agradecer antes de dormir, respirar profundamente al comenzar la jornada, dedicar unos minutos a escribir un diario, encender una vela como signo de pausa consciente.

Cuando estas prácticas se incorporan a la vida diaria, dejan de ser un paréntesis aislado y se convierten en un estilo de vida. Una vida en la que la compasión no se improvisa, sino que brota de una fuente interior siempre alimentada.

4. Interioridad y comunidad compasiva

Podría parecer que la interioridad es algo exclusivamente individual, pero no es así. Una interioridad auténtica siempre se abre a la relación. Cuanto más hondamente conectamos con nuestro propio ser, más conscientes nos hacemos de la interdependencia que nos une a los demás.

La escuela puede ser un espacio privilegiado para educar en interioridad. Algunas experiencias ya lo están demostrando: «aulas de silencio» donde los niños aprenden a respirar y escucharse; programas de *mindfulness* que ayudan a los adolescentes a manejar su ansiedad; proyectos de aprendizaje-servicio que conectan la reflexión interior con el compromiso social.

La familia, por su parte, es la primera escuela de interioridad. Un hogar donde se cultiva el diálogo sereno, el respeto por los tiempos de cada persona y el cuidado de los pequeños rituales compartidos es un hogar que siembra compasión.

Y también la sociedad en su conjunto puede favorecer o dificultar esta dimensión. Una cultura que valora la productividad por encima del ser, que premia la inmediatez y el consumo rápido, genera ciudadanos superficiales y desgastados. Una cultura que ofrece espacios de encuentro, silencio y contemplación, en cambio, genera comunidades más empáticas, resilientes y compasivas.

Por eso, hablar de interioridad no es hablar solo de algo privado, sino de un recurso social y político de primer orden. Solo ciudadanos con profundidad interior podrán construir comunidades verdaderamente compasivas.

5. Sembrar compasión desde dentro

Llegados al final de este manual, queremos dejar una invitación que no es técnica ni académica, sino vital: cuida tu interior. Haz de tu interior un lugar habitable, un refugio de serenidad, un espacio de encuentro contigo mismo, con los demás y con la vida.

La compasión no se improvisa. Es como un jardín: si no se cuida la tierra, las semillas no brotan. La interioridad es esa tierra. Allí germinan la empatía, la calma, la fortaleza y la ternura que después se expresan en gestos de cuidado hacia los demás.

Si queremos comunidades compasivas, necesitamos personas que cultiven su interior. Si queremos una escuela que eduque en humanidad, necesitamos educadores que conozcan la riqueza del silencio y la escucha. Si queremos un mundo más justo, necesitamos ciudadanos que se atrevan a detenerse, a mirar hondo y a dejar que de dentro nazca un compromiso auténtico.

El reto no es fácil. Vivimos en un tiempo acelerado y disperso. Pero precisamente por eso, cultivar la interioridad se convierte en un acto profundamente transformador, casi contracultural. Es un modo de decir: «Me niego a vivir en la superficie; quiero vivir desde lo más hondo».

Que cada lector de este manual pueda encontrar su propio camino interior. Que cada escuela se atreva a ofrecer a sus alumnos experiencias de silencio y contemplación. Que cada familia redescubra la belleza de los gestos sencillos que alimentan el alma.

Solo así, desde dentro hacia fuera, florecerá la compasión. Una compasión que no se agota en un momento puntual, sino que se convierte en una forma de vida. En definitiva: la interioridad es el suelo fértil de la compasión. Si cuidamos ese suelo, el cuidado hacia los demás brotará de manera natural y duradera.

Bibliografía y recursos

Esta sección ofrece una selección de recursos bibliográficos, audiovisuales y en línea que profundizan en los conceptos clave del manual, sirviendo de apoyo para la formación docente y para la implementación de las actividades en el aula.

1. Publicaciones

Una visión antropológica

BREGMAN, R. (2020). *Humanidad: Una historia optimista de cómo la gente ha cambiado el mundo*. Anagrama, Barcelona.

NODDINGS, N. (2012). *The Challenge to Care in Schools: An Alternative Approach to Education*. Teachers College Press, New York.

Sobre el valor del cuidado

BERMEJO, J. C. y RUIZ ARAGONESES, R. (2024), *Ternura y humanización. Un desafío para el cuidado*. Sal Terrae, Santander.

DOMINGO MORATALLA, A. (2022), *Homo curans. El coraje de cuidar*. Encuentro, Madrid.

LAGUNA, J. (2021). *Cuidadanía. Del contrato social al pacto de cuidados*. PPC, Madrid.

————. (2020). *Vulnerables. El cuidado como horizonte político*. Cristianisme i Justícia, Barcelona.

Sirvent, M. T. (2005). *La educación del cuidado: una propuesta ética para la escuela.* Paidós, Barcelona.

Torralba, F. (2002), *Ética del cuidar.* Instituto Borja-Mapfre, Barcelona.

Sobre la compasión

García Campayo, J. (2022³). *La práctica de la compasión. Amabilidad con los demás y con uno mismo.* Siglantana, Sant Cugat del Vallés.

García Campayo, J., Cebolla i Martí, A., Demarzo, M. (coords.) (2016). *La ciencia de la compasión. Más allá del mindfulness.* Alianza editorial, Madrid.

Mèlich, J.-C. (2010). *Ética de la compasión.* Herder, Barcelona.

Miró, M. (2020). *Cultivar la compasión: Un camino para aliviar el sufrimiento propio y ajeno.* Kairós, Barcelona.

Pascual García, J.R. (2020), *El principio compasión.* PPC, Madrid.

Quintiens, B. y Paul, S. (2024). *Compassionate Schools: A How-to Guide.* The European Learning Network, Compassionate Schools. (Traducido por P. Rodríguez y L. del Carpio).

Cómo abordar la muerte y el duelo

Kübler-Ross, E. (2005). *Sobre la muerte y los moribundos.* Debolsillo, Barcelona.

Odriozola, C., Garcés, T., Serra, A. (2023) *Hacia el Agradecido Recuerdo. Manual para el acompañamiento educativo en situaciones de duelo para infantil, primaria y secundaria.* Consejería de Desarrollo Educativo y Formación Profesional de la Junta de Andalucía.

Pangrazzi, A. (2021) *Alivio mi dolor hablando de mi amor.* Mensajero, Bilbao.

———. (2023). *El suicidio. Nunca nos despedimos. El dolor que nos queda.* San Pablo, Madrid.

Rodil, V. (2019). *Se me ha roto la vida. Reflexiones y testimonios de duelo.* Sal Terrae, Santander.

Santamaría, C. (2010). *El duelo y los niños.* Sal Terrae, Santander.

Sobre inteligencia emocional, mindfulness e interioridad
(son disciplinas fundamentales para profundizar e interiorizar el valor de la compasión, dentro y fuera del aula)

Bisquerra, R. (2018). *10 ideas clave. La gestión emocional en el aula.* Graó, Barcelona.

Elias, M. J., y Arnold, H. (2012). *Guía para educar la inteligencia emocional en la escuela y en la familia.* Desclée de Brouwer, Bilbao.

García Campayo, J. y Navarro, M. (2023). *Mindfulness para todos.* Siglantana, Sant Cugat del Vallés.

García Campayo, J. (2019). *Mindfulness. Nuevo manual práctico. El camino de la atención plena.* Siglantana, Sant Cugat del Vallés.

Jalón Oliveras, C. (2014). *Crear cultura de interioridad. En el aula, en la pastoral y en la vida diaria.* Khaf, Madrid.

López, V. y Ros, R. (2017). *Emociones en el aula: Una guía para personal docente y familias.* Plataforma, Barcelona.

Kabat-Zinn, J. (2003). *Vivir con plenitud las crisis.* Kairós, Barcelona.

Bases neurocientíficas
(además de las citadas en el capítulo 1)

García, L. y Fernández-Berrocal, P. (2018). *Inteligencia emocional y neurociencia social.* Síntesis, Madrid.

Iriarte, M. J. (2019). *Neurociencia y Mindfulness. Un camino hacia la compasión.* Desclée de Brouwer, Bilbao.

Sobre productos de apoyo ante situaciones de discapacidad

Colegio Oficial de Terapeutas Ocupacionales de Galicia (2020). *Guía práctica de productos de apoyo para la plena inclusión.*

IMSERSO (s.f.). *Guía de orientación en la práctica profesional de la valoración reglamentaria de la situación de dependencia: Productos de Apoyo para la Autonomía Personal.*

2. Recursos en línea y webs de interés

Alma Serra. Cuentos para trabajar el duelo con niños. https://almaserra-com.webnode.es/cuentos-almaserra/

Atención plena y tradición cristiana. El sitio web de Carmen M. Jalón presenta un marco de integración entre *mindfulness*, compasión y espiritualidad cristiana, avalado por programas, investigaciones y publicaciones. Sus recursos y experiencias buscan promover una cultura de cuidado e interioridad, con aplicaciones en contextos educativos, sociales y pastorales. https://atencionplenaytradicioncristiana.com

Autonomía Personal (revista online editada y publicada por el IMSERSO). http://autonomiapersonal.imserso.es/rap_01/index.htm

CEAPAT (Centro de Referencia Estatal de Autonomía Personal y Ayudas Técnicas del IMSERSO). Aquí encontrarás toda la información disponible sobre ayudas técnicas para poder llevar una vida imás independiente en situaciones de discapacidad: http://www.ceapat.es/

Centro de Humanización de la Salud. Entrar en la web de este Centro (www.humanizar.es) es una valiosa fuente de recursos de distinto tipo. El enlace que presentamos es para acceder directamente a su colección de 15 vídeos en YouTube que enseñan distintas formas de asistir a una persona dependiente: https://www.youtube.com/watch?v=dlK3dy_HwTA

CERMI (Comité Español de Representantes de Personas con Discapacidad). www.cermi.es

Charter for Compassion (Iniciativa global que promueve la compasión como un valor central en todos los ámbitos). https://charterforcompassion.org/

Coalition for Compassionate Schools (Red de apoyo para educadores que buscan implementar la compasión en la cultura escolar). https://cforcs.org

EDF (Foro Europeo de la Discapacidad). www.edf-feph.org

IMSERSO (Instituto de Mayores y Servicios Sociales): es la web oficial de referencia en España relacionada con personas mayores y con el sistema de atención a la dependencia. https://imserso.es

New Health Foundation (Información sobre el movimiento de Comunidades Compasivas en España). www.newhealthfoundation.org

Observatorio Estatal de la Discapacidad. www.observatoriodeladiscapacidad.info

OMS (Organización Mundial de la Salud). https://www.who.int/europe/health-topics/disability

PREDIF (Plataforma Representativa Estatal de Personas con Discapacidad Física). www.predif.org

Plena Inclusión. www.plenainclusion.org

Red Española de Aprendizaje-Servicio. Imprescindible si quieres conocer experiencias reales de Aprendizaje-Servicio: https://www.aprendizajeservicio.net

SECPAL (Sociedad Española de Cuidados Paliativos; tiene un grupo de trabajo sobre comunidades compasivas). https://www.secpal.org/grupo-comunidades-compasivas-secpal

Vivir con Voz Propia (Decálogo de la compasión). www.vivirconvozpropia.com

3. Películas y cortometrajes (además de los mencionados en actividades)

Películas

Campeones (Javier Fesser, 2018). Excelente para la inclusión y la discapacidad intelectual.

Inside Out (Del revés) (2015, Pixar). Ayuda a comprender y validar las emociones, y la importancia de la tristeza.

Intocable (Olivier Nakache y Éric Toledano, 2011). La amistad y el cuidado en la diversidad funcional.

Patch Adams (Tom Shadyac, 1998): El cuidado y la humanidad en la medicina.

Vivir dos veces (María Ripoll, 2019): Sensibiliza sobre el Alzheimer y la importancia del cuidado familiar.

Truman (Cesc Gay, 2015): Aborda el tema de la amistad, la enfermedad terminal y el duelo con sensibilidad.

Cortometrajes (con enlace)

¿Bailas, papá? (Miguel Monteagudo 2019). Afrontar el Parkinson. https://sinapsisfilms.com/peliculas/bailas-papa/

La batalla por la compasión. (Jonathan Leighton 2016). Algunas imágenes son muy duras. https://www.youtube.com/watch?v=NqFpB51_cg0

La dama y la muerte. (Javier Recio 2019). https://www.youtube.com/watch?v=8Zrw61WiBiQ

Un deseo plegado. (2020). El tema de la muerte. Cortometraje de graduación creado por 19 estudiantes que se especializaron en cursos de animación e ilustración en la One Academy of Communication Design. https://www.youtube.com/watch?v=1YWBYZ6v7tE

Empatía. (Franco Rosa 2017). https://www.youtube.com/watch?v=VdZs_jYdt7w

El erizo. (Alumnas del Tecnológico de Estudios Superiores de Chimalhuacan, México, 2023). https://www.youtube.com/watch?v=vrj3uVn118s

Indiferencias urbanas. (Pablo Pol Rodríguez 2025). Indiferencia social. https://cortosdemetraje.com/cortometrajes/indiferencias-urbanas/

Lo que somos. (David Guamán 2022). Responsabilidad familiar. https://cortosdemetraje.com/cortometrajes/lo-que-somos/

My love. (Tan Zheng Ning 2024). Sobre la pérdida y el duelo. https://www.youtube.com/watch?v=H4M0Kjsr3_g

Nadie daba un duro. (Cruz Roja Española 2024). Sociedad que apoya a las personas. https://cortosdemetraje.com/cortometrajes/nadie-daba-un-duro/

El objeto perdido. (Andrew Ruhemann y Shaun Tau 2011). Óscar al mejor cortometraje de animación. https://www.youtube.com/watch?v=FLra04WoQno

El poder de la empatía. (Samuel Chávez Lozano 2015). https://www.youtube.com/watch?v=qW1MGzkmoBg

La rampa. (Juanfer Andrés 2024). Indiferencia social y accesibilidad. https://cortosdemetraje.com/cortometrajes/la-rampa/

Solidaridad. Cortometraje realizado por los alumnos de 4.º de ESO del Colegio Purísima Concepción de Santander durante el curso 2017-2018 para concienciar sobre la importancia de ser solidarios con las personas que tenemos a nuestro alrededor y que lo están pasando mal. https://www.youtube.com/watch?v=chsZ0nUVnhg

La vida, aquí y allá. (Jesús Miranda, Luz Montero 2022). Empatía. https://cortosdemetraje.com/cortometrajes/la-vida-aqui-y-alla/

4. Cuentos

CARRIER, I. (2010). *El cazo de Lorenzo.* Ed. Juventud. Muestra las dificultades de la diferencia y la necesidad de apoyos.

Cuentos para salud. https://www.humanizar.es/publicaciones; amplia colección de cuentos breves narrados (unos 3 minutos cada uno). Al entrar en la sección de cuentos te lleva a YouTube y se puede escuchar la narración. Muchos de ellos relacionados con la empatía y la compasión.

MORENO BERMUDEZ, E. *Pepuka y el monstruo que se llevó su sonrisa.* (Aborda el tema de la violencia de género y destaca los valores del respeto, el buen trato, la empatía y la autoestima).

————. *Pepuka y el árbol de hoja roja*. (Trabaja el tema de la gestión emocional y el empoderamiento personal). Son dos cuentos muy bonitos para infantil y primaria, aunque solo se pueden adquirir a través de la página web (www.pepuka.es). Están pensados para ser trabajados en el aula.

PALACIO, R. J. (2022). *Wonder. La Lección de August*. Nube de tinta. (Aborda la inclusión, el acoso y la importancia de la bondad. Hay versión libro y película).

SAINT-EXUPÉRY, A. *El Principito*. (Múltiples ediciones). La importancia de «cuidar tu rosa» y la responsabilidad afectiva.

SERRA, A. (2017). *Un pellizco en la barriga*. Babidibú. (Un manual de referencia para la gestión del duelo con niños y no tan niños).

SERRA, A. y GALVÁN, B. (2021). *Delfín. De principio a FIN*. Babidibú. Poesía infantil para explicar a los niños el suicidio.

5. Centros de Escucha

El Centro de Escucha San Camilo es un servicio del Centro de Humanización de la Salud (Tres Cantos, Madrid) que tiene por finalidad ayudar desinteresadamente a todas aquellas personas que sufren por enfermedad, soledad, desesperanza, falta de comunicación, falta de salud, muerte de un ser querido o cualquier otra forma de crisis vital, ofreciéndoles acogida, comprensión y orientación para su afrontamiento. Este centro fundó en 2009 la Red de Centros de Escucha, reuniendo a todos aquellas entidades que, con líneas afines de identidad y trabajo, ayudan de forma gratuita a cualquier persona en estado de sufrimiento por causa de pérdida o crisis vital. Todos estos centros comparten recursos y trayectoria para asegurar un mismo modelo de intervención. Para conocer todos los centros de escucha que forman parte de la red en toda España puedes acceder al siguiente enlace: https://www.humanizar.es/centro-asistencial/centro-de-escucha/red-de-centros-de-escucha

En el año 2013, se suma al proyecto la Unidad Móvil de Intervención (UMI). Es un Centro de escucha móvil, especializado en atención en crisis. Permite hacer accesible el servicio de ayuda allí donde se hace necesario.

Utilidad para los centros escolares

Cuando en un centro escolar se produce la muerte de alguien cercano de la comunidad educativa (alumnado, profesorado, familias…) y, por sus circunstancias, se origina una situación de crisis, se puede solicitar el servicio gratuito de la Unidad Móvil, tanto para contener la crisis como para asesorar.

La intervención puede ser directa, con las personas más afectadas, o, las más de las veces, asesorando y acompañando el trabajo de los docentes tutores o de los directores de los centros. Dicha intervención en crisis puede ser en el aula o fuera de ella y es esencialmente grupal. Últimamente es muy demandada para realizar en el aula intervenciones preventivas del suicidio. En suma, apoya a la comunidad educativa asesorando, reforzando, acompañando o interviniendo directamente con grupos de afectados o con personas. También se ofrece al claustro de profesores formación sobre el duelo en niños y adolescentes. El Centro de Escucha, allí donde existe, puede ser un lugar de derivación al que referir situaciones de duelo particulares.

Puedes contactar con estos servicios a través del teléfono: 915335223; o del correo electrónico: redescucha@humanizar.es

Anexo 1

Decálogo de la compasión

Ya hemos mencionado en el capítulo 1 el origen y la importancia de este «Decálogo de la compasión». Trabajar sobre este documento es una actividad clave, así que le hemos dedicado esta sección, con una variada propuesta de actividades. Hay dos versiones: con y sin ejemplos. De ambas versiones hay infografía en color que se puede descargar e imprimir en: www.vivirconvozpropia.com. Aquí presentamos el decálogo con ejemplos de posibles conductas asociadas, en positivo y en negativo.

Decálogo de la compasión
1. *Me reconozco como una persona única, vulnerable, que cambia y tiene necesidades.*
Es necesario aceptarme como soy para estar dispuesta a conocer a los demás.
• Me acepto y acepto que las personas somos diferentes.
• Me trato con respeto, también a las demás personas.
• *Me siento superior o inferior a las demás personas.*
• *Me hago daño al compararme con las demás personas.*

2. *Primero me cuido de manera compasiva.*

Primero me tengo que cuidar, para poder cuidar a las demás personas.

- Reconozco mis necesidades y trato de satisfacerlas.
- Acepto mis límites.
- Pongo límites y digo «no».
- *Me tengo lástima.*
- *Descuido mis emociones.*

3. *Acepto a las personas en su momento vital.*

Acepto que cada persona es única y que a lo largo de su vida puede cambiar su manera de pensar, sentir, actuar.

- Respeto a las personas sin condiciones, aunque sean diferentes a mí o piensen distinto a mí.
- *Rechazo, discrimino y margino a las otras personas por sus ideas sociopolíticas.*

4. *Soy amable con las otras personas.*

Soy amable y trato con respeto a las personas, y me convierto en un modelo para las demás personas.

- Soy cercana y cordial.
- Muestro interés.
- Estoy disponible.
- *Actúo de manera mecánica.*
- *No presto atención a las personas.*
- *Tengo prisa cuando atiendo a las personas.*

5. *Respeto el espacio de las personas.*

Respeto la distancia física, social y emocional que otra persona me expresa de forma verbal o no verbal. Pongo límites cuando lo necesito.

- Tengo en cuenta la intimidad de la otra persona.
- Pido permiso para acercarme.
- *Impongo mi criterio.*
- *Traspaso los límites que hemos pactado.*

6. *Escucho con tranquilidad, respeto y actitud abierta.*

Escucho con amabilidad lo que otra persona comparte. Muestro interés por lo que dice. Me comporto y expreso mis emociones de manera sincera.

- Presto atención a la comunicación verbal y a la no verbal.
- Acepto y cuido el silencio.
- *Doy consejos.*
- *Trato de ser protagonista de la conversación.*

7. *Acompaño, doy equilibrio y bienestar a las personas.*

Cuando atiendo a alguien doy prioridad a sus necesidades, sin descuidar las mías, para que las dos estemos cómodas.

- Escucho para comprender.
- Doy espacio y tiempo necesario a la otra persona.
- *Busco obligatoriamente respuestas.*
- *Doy poco valor a la situación.*

8. *Multiplico el impacto y la distribución de la aplicación de nuestros recursos en la sociedad.*

Observo y escucho las necesidades y preocupaciones de mi comunidad para saber dónde apoyar, consolar, entender y actuar.

- Busco el bien común.
- Uso el diálogo para mediar, generar participación social y llegar a acuerdos.
- *Discrimino o rechazo cuando tomo partido por una parte.*

9. *Con mis acciones desarrollo una comunidad compasiva.*

Intento comprender, aliviar y prevenir mi sufrimiento y el de los demás.

- Soy consciente de lo importante que es estar presente, disponible y escuchar a las demás personas.
- *Actúo pensando solo en mí.*
- *Soy insensible al sufrimiento de las demás personas.*

10. *¿Qué añadirías tú?*

Trabajando el decálogo de la compasión

Objetivo general: comprender y aplicar los principios del Decálogo de la compasión como guía para el desarrollo personal, las relaciones interpersonales y la construcción de una comunidad más empática y solidaria.

Para alumnado de 10-12 años

Enfoque: comprensión básica de cada punto, aplicación a situaciones cotidianas, y expresión creativa.

Actividad A1.1.: «Mi Decálogo en color y escena»	
Objetivo	Interpretar cada punto del decálogo de forma visual y concreta, y reflexionar sobre su significado personal.
Materiales	Copias del decálogo (una por pareja o grupo), folios, lápices de colores, rotuladores, materiales de collage.
Tiempo	55 minutos.
Desarrollo	*Introducción* (10 min). El profesor distribuye el decálogo y lo lee en voz alta, punto por punto. Se explican las palabras clave si es necesario, asegurándose de que entiendan la idea principal de cada frase (p. ej., *vulnerable* = que podemos sentirnos frágiles o necesitar ayuda).
	Trabajo en parejas o pequeños grupos (25 min). Cada pareja o grupo elige 2 o 3 puntos del decálogo (o se les asigna). Para cada punto elegido, deben:
	1. Dibujar una escena o situación donde ese punto se vea claramente (p. ej., para «Primero me cuido...», un niño descansando o comiendo sano; para «Soy amable...», alguien ayudando a un compañero).
	2. Escribir una frase sencilla que explique con sus propias palabras qué significa ese punto para ellos, basándose en su dibujo.
	3. Identificar un color que represente ese punto del decálogo y usarlo predominantemente en su dibujo.

Desarrollo	*Galería y puesta en común* (15 min). Los grupos pegan sus trabajos en la pared, formando una «galería del decálogo». Cada grupo presenta brevemente sus dibujos y explicaciones. El profesor fomenta el respeto y la escucha.
	Reflexión final (5 min). ¿Qué hemos aprendido hoy sobre el cuidado y la compasión? ¿Cuál de estos puntos creéis que es más fácil de hacer? ¿Y más difícil?

Conexión con el decálogo. Trabaja directamente con los 9 primeros puntos del decálogo, fomentando su interpretación y aplicación.

Actividad A1.2.: «Cadena de la compasión: ejemplos en acción»	
Objetivo	Generar ejemplos concretos de cómo se manifiesta cada punto del decálogo en positivo y negativo, y comprender el impacto de las acciones.
Materiales	Tarjetas grandes con cada uno de los 9 primeros puntos del decálogo, papelitos, bolígrafos.
Tiempo	55 minutos.
Desarrollo	*Revisión* (10 min). Se repasan los puntos del decálogo brevemente.
	Generación de ejemplos (25 min). Se divide la clase en 9 grupos (uno por cada punto del decálogo). Cada grupo recibe la tarjeta con su punto asignado. Su tarea es pensar y escribir en papelitos: 1. 3 ejemplos en positivo de acciones o actitudes que demuestren ese punto en el colegio o en casa. 2. 3 ejemplos en negativo (o acciones que irían en contra de ese punto). *El profesor debe guiar para que los ejemplos negativos sean sobre acciones, no sobre personas.* (p. ej.: «No escuchar cuando alguien habla» en lugar de «Una persona que no escucha»).
	Compartir y debatir (15 min). Cada grupo lee su punto del decálogo y sus ejemplos (primero los positivos, luego los negativos). El resto de la clase puede añadir más ejemplos o comentar.

Desarrollo	*Creación de la cadena* (5 min). Se unen las tarjetas con los puntos del decálogo en una cadena, y se pegan o cuelgan las listas de ejemplos debajo de cada punto, creando una «cadena de acciones compasivas».
Conexión con el decálogo. Esta actividad se enfoca directamente en la instrucción del usuario de generar ejemplos positivos y negativos para cada frase del decálogo, ayudando alumnado a visualizar el comportamiento compasivo y no compasivo.	

Para alumnos de 15-16 años

Enfoque: Análisis crítico, debate, aplicación a dilemas éticos, y desarrollo de un pensamiento más complejo sobre la compasión y su impacto social.

Actividad A1.3.: «Decálogo: principios para la vida y la sociedad»	
Objetivo	Analizar cada punto del decálogo, generar ejemplos complejos (positivos y negativos) y debatir su relevancia en diferentes contextos (personal, social, profesional).
Materiales	Copias del decálogo (una por alumno y una extragrande para cada grupo), marcadores, papelógrafo, pizarra.
Tiempo	85-90 minutos (en 2 sesiones).
Desarrollo	*Introducción y grupos* (15 min). El profesor introduce el decálogo como una herramienta de reflexión ética y personal. Se divide la clase en grupos de 3-4 personas, y cada grupo recibe 2 o 3 puntos del decálogo (asegurando que todos los puntos se cubran entre los grupos). *Análisis profundo y generación de ejemplos* (30 min). Para cada punto asignado, el grupo debe: 1. Discutir a fondo su significado. ¿Qué implica realmente este punto? ¿Por qué es importante?

Desarrollo	2. Generar 2-3 ejemplos en positivo que reflejen la aplicación de ese punto en situaciones complejas (p. ej., en el ámbito sanitario, en la interacción con la diversidad, en redes sociales, en conflictos personales). 3. Generar 2-3 ejemplos en negativo que muestren acciones o actitudes que contradicen ese punto, y reflexionar sobre sus consecuencias (individuales y colectivas). 4. Preparar una breve presentación para la clase. *Puesta en común y debate* (40 min). Cada grupo presenta sus puntos y ejemplos. Tras cada presentación, se abre un debate guiado por el profesor: • ¿Estáis de acuerdo con los ejemplos? ¿Se os ocurren otros? • ¿Cómo se aplica este punto a situaciones que vemos en las noticias o en nuestro entorno? • ¿Qué desafíos existen para cumplir este principio en la vida real?

Conexión con el decálogo. Cumple directamente con la instrucción de generar ejemplos para cada punto, pero en un nivel de complejidad y profundidad adecuado para la ESO, invitando a la reflexión crítica sobre su aplicación en diversos contextos.

Actividad A1.4.: «Dilemas compasivos: ¿qué harías tú?»	
Objetivo	Aplicar los principios del decálogo a dilemas éticos complejos, fomentando la toma de decisiones basada en valores y el razonamiento moral.
Materiales	Tarjetas con dilemas éticos (ver ejemplos abajo), copias del Decálogo de la compasión (para consulta).
Tiempo	80-90 minutos (en 2 sesiones).
Desarrollo	*Introducción a los dilemas* (10 min). El profesor explica qué es un dilema ético (una situación donde hay dos o más opciones, y todas tienen consecuencias, no hay una respuesta «correcta» fácil). Se recalca que no se busca una única respuesta, sino el razonamiento.

Desarrollo	*Trabajo en grupos* (30 min). Los grupos reciben un dilema. Deben discutirlo a la luz del Decálogo de la compasión: • ¿Qué puntos del decálogo son más relevantes para este dilema? • ¿Cuáles serían las diferentes formas de actuar, aplicando los principios de compasión? • ¿Qué consecuencias podría tener cada acción? • ¿Cuál es la decisión que el grupo considera más alineada con la compasión y por qué? • *Preparar la presentación que se hará a toda la clase.* *Puesta en común y debate abierto* (40 min). Cada grupo presenta su dilema, sus opciones y su razonamiento. El profesor modera un debate abierto, invitando a otros grupos a compartir diferentes perspectivas. Se enfatiza que el proceso de reflexión es tan importante como la «solución».
Conexión con el decálogo. Profundizar en todos los puntos del decálogo para poder usarlos en la argumentación sobre los dilemas éticos.	

Ejemplos de dilemas compasivos

Dilema 1. El secreto del compañero y la preocupación por el bienestar
Situación:
Tienes un compañero/a de clase que te confiesa que se siente muy solo/a y que sus padres no le prestan atención debido a problemas familiares. Te pide encarecidamente que no se lo digas a nadie, ya que confía en ti. Sin embargo, observas que su rendimiento escolar está bajando drásticamente, se aísla cada vez más en los recreos y parece más triste.
Preguntas para el debate: • ¿Cómo aplicas el principio del punto 6 (*Escucho con tranquilidad, respeto y actitud abierta*) en esta situación, respetando su confianza?

- ¿Cómo equilibras el punto 5 (*Respeto el espacio de las personas*) y el punto 7 (la necesidad de a*compañar, dar equilibrio y bienestar a las personas*), si su situación parece empeorar?
- Si crees que necesita más ayuda de la que tú puedes ofrecer, ¿qué acciones podrías considerar que se alineen con el punto 9 (*Desarrollo una comunidad compasiva*) sin romper completamente su confianza?
- ¿Qué puntos del decálogo podrían entrar en conflicto en este dilema y cómo intentarías resolverlo?

Dilema 2. La causa benéfica y la divergencia de ideas

Situación:

En tu centro educativo se va a realizar una actividad benéfica importante para recaudar fondos destinados a una organización que ayuda a personas en situación de dependencia. La causa es noble, pero un grupo de alumnos/as no quiere participar ni colaborar porque no comparten la ideología política o religiosa de la organización beneficiaria, a pesar de que el fin es puramente humanitario.

Preguntas para el debate:

- ¿Cómo aplicarías el punto 3 (*Acepto a las personas en su momento vital*) y el punto 5 (*Respeto el espacio de las personas*) hacia los compañeros que se oponen, incluso si no compartes su postura?
- ¿Cómo podrías fomentar la solidaridad (implícita en ser amable y acompañar) y el bien común (punto 8) en el grupo, sin forzar la participación?
- ¿Qué argumentos, basados en el Decálogo de la compasión (especialmente el punto 8 sobre la distribución de recursos y el bien común), podrías utilizar para mediar y buscar una solución que permita la mayor participación social posible?
- ¿Qué acciones podrías proponer que *desarrollen una comunidad compasiva* (punto 9) dentro del centro, a pesar de las diferencias de opinión?

Dilema 3. Autonomía del mayor y necesidad de cuidado

Situación:

Un familiar mayor que vive solo/a (por ejemplo, tu abuelo/a) está empezando a tener dificultades para cuidar de sí mismo/a: se olvida de tomar medicamentos, no cocina regularmente y la casa empieza a estar desordenada. Te das cuenta de que necesita más ayuda para su seguridad y bienestar, y que quizá un apoyo a domicilio o incluso un cambio de vivienda sería lo más adecuado. Sin embargo, tu abuelo/a es muy orgulloso/a, valora su independencia por encima de todo y se niega rotundamente a aceptar cualquier tipo de ayuda externa o a considerar mudarse.

Preguntas para el debate:

- ¿Cómo equilibras el punto 3 (*Acepto a las personas en su momento vital*) y el deseo de autonomía de tu abuelo/a con la necesidad de a*compañar, dar equilibrio y bienestar a las personas* (punto 7), especialmente en temas de salud y seguridad?
- ¿Qué estrategias de comunicación, basadas en el punto 6 (*Escucho con tranquilidad, respeto y actitud abierta*) y el punto 4 (*Soy amable con las otras personas*), utilizarías para abordar el tema sin herir su orgullo?
- ¿Cómo aplicas punto 2 (*Primero me cuido de manera compasiva*) si esta situación te genera estrés y preocupación constante? ¿Qué límites podrías establecer?
- ¿Qué acciones podrías considerar para *desarrollar una comunidad compasiva* (punto 9) alrededor de tu abuelo/a, buscando soluciones creativas que respeten su deseo de independencia, pero garanticen su seguridad?

Dilema 4. La información delicada y el respeto al espacio

Situación:

Eres voluntario/a en un hospital y te encargas de acompañar a pacientes con enfermedades crónicas. Una paciente de edad avanzada, que siempre ha sido muy independiente, te confiesa con vergüenza que está empezando a tener problemas para recordar si ha tomado su medicación diaria. Te pide encarecidamente que no se lo digas a su familia, ya que teme que la consideren incapaz y la obliguen a mudarse a una residencia, algo que ella no desea bajo ningún concepto. Sin embargo, sabes que no tomar la medicación correctamente podría poner en riesgo su salud.

Preguntas para el debate:

- ¿Cómo aplicas el principio de *respeto el espacio de las personas* (punto 5) y la petición de confidencialidad de la paciente?
- ¿Cómo se relaciona esto con punto 7 (*Acompaño, doy equilibrio y bienestar a las personas*) si sabes que su salud está en riesgo?
- ¿Qué puntos del decálogo podrían ayudarte a tomar una decisión que sea compasiva tanto con la paciente como con su bienestar a largo plazo?
- ¿Hay una forma de buscar el *bien común* (punto 8) sin traicionar la confianza de la paciente? ¿Qué pasos podrías seguir?

Dilema 5. La elección del familiar y la autocompasión del cuidador

Situación:

Eres el/la cuidador/a principal de un familiar (por ejemplo, un abuelo/a) que sufre una enfermedad degenerativa. La situación se ha vuelto muy demandante, afectando tu rendimiento académico, tu vida social y tu propio bienestar físico y emocional. Te das cuenta de que necesitas ayuda y que una residencia o un cuidador profesional a tiempo completo sería lo mejor para la salud de tu familiar y para tu propia salud. Sin embargo, otro miembro de la familia (un tío/a o un hermano/a) se opone rotundamente a esta idea, insistiendo en que «la familia debe cuidar siempre a los suyos en casa», a pesar de no ofrecer ayuda concreta.

Preguntas para el debate:

- ¿Cómo aplicas el principio de *primero me cuido de manera compasiva* (punto 2) en esta situación? ¿Por qué es fundamental el autocuidado aquí?
- ¿Cómo puedes *acompañar, dar equilibrio y bienestar* (punto 7) a tu familiar y a ti mismo/a en estas circunstancias?
- ¿Cómo abordarías la oposición del otro familiar, aplicando los principios del punto 4 (*Soy amable con las otras personas*) y del punto 6 (*Escucho con tranquilidad, respeto y actitud abierta*), al mismo tiempo que defiendes tu propia necesidad?
- ¿Qué significa *desarrollar una comunidad compasiva*» (punto 9) en este contexto familiar? ¿Cómo podrías buscar soluciones que beneficien a todos los implicados, incluso si implican decisiones difíciles?

Actividad musical adaptable a Primaria y Secundaria

Actividad A1.5. La banda sonora de la compasión	
Objetivo	Favorecer la empatía y la compasión a través de la escucha activa, la reflexión y la creación musical compartida.
Edad	Adaptable a los dos niveles del proyecto: • Último ciclo de Primaria. Trabajar con canciones sencillas, conocidas, con mensajes claros sobre amistad, ayuda, unión. • ESO. Trabajar con música más variada (pop, rap, instrumental, clásica, bandas sonoras) y profundizar en el análisis de la letra y las emociones que transmite.
Materiales	• Equipo de música o altavoces. • Selección de fragmentos musicales (pueden incluir canciones con mensajes de cuidado, solidaridad o resiliencia, así como piezas instrumentales que evocan calma o consuelo). • Hojas y colores para expresión gráfica. Cartulinas, murales.

Tiempo	1 o 2 sesiones de clase, según el nivel de implicación.

Desarrollo	1. *Escucha activa.* Se hace un ejercicio de respiración profunda y relajación y luego se escuchan uno o dos fragmentos musicales sin interrupciones. Se invita a los alumnos a cerrar los ojos y sentir qué emociones despierta la música.
	2. *Expresión creativa.*
	   o En primaria: dibujar o escribir una palabra sobre lo que han sentido y relacionarlo con un valor del Decálogo de la compasión (p. ej., «ser amable», «escuchar con respeto»).
	   o En secundaria: escribir una breve reflexión sobre cómo esa música les conecta con experiencias de cuidado que hayan vivido o presenciado. Relacionarlo con el Decálogo de la compasión.
	3. *Puesta en común.* Compartir en pequeños grupos lo que cada uno ha expresado.
	4. *Creación conjunta.* Cada grupo elige una música que para ellos represente la compasión y prepara una breve dramatización, collage sonoro o coreografía sencilla que exprese ese valor.
	
	Cierre. Escuchar entre todos la «banda sonora de la compasión» creada por la clase y reflexionar sobre cómo la música puede acompañar procesos de cuidado y de apoyo mutuo. Concluir proponiendo una acción compasiva para realizar durante la semana.

Variantes:
- Invitar a los alumnos a traer una canción que para ellos simbolice la compasión y explicar por qué.
- Usar percusión corporal o instrumentos sencillos para crear un ritmo colectivo que represente el «latido» de la compasión.
- Realizar un mural sonoro de la clase con todas las propuestas.

Nota. Cómo hacer un mural sonoro en el aula

1. Selección de canciones. Cada grupo elige la que más le represente (de las trabajadas en las actividades).
2, Producción de sonidos y versos. Los alumnos graban frases o crean pequeños fragmentos musicales (p. ej., frases de cuidado, versos o raps creados en las dinámicas) o sonidos producidos por ellos (palmas, instrumentos sencillos, percusión corporal, sonidos del entorno).
3. Elementos visuales (carteles, dibujos, imágenes) que acompañen al soporte físico (mural en la pared, cartulina o pizarra digital).
4. Textos. Escribir una frase que refleje la idea principal de la canción que se quiere desatacar.
5. Mural físico. Se coloca en una pared un panel grande en el que cada grupo expone:
   a. El título de la canción.
   b. Un dibujo, símbolo, imagen o palabras de lo que representa esa canción.
   c. Un código QR (generado fácilmente con herramientas gratuitas) que enlace a la canción o a la grabación del grupo. Si no es factible, se reproduce la grabación en el momento de exponerla al grupo.
6. Presentación final. Cada grupo explica su aporte y se hace una escucha conjunta, escaneando los códigos o activando las grabaciones.

Anexo 2

Tarjetas de autocuidado

En la actividad 4.2.7. hemos hecho referencia a las «Tarjetas de autocuidado», como complemento al «Rincón de la calma». Estar tarjetas transmiten mensajes positivos relacionados con el autocuidado. El autocuidado también tiene que ver con el cuidado de las relaciones con otras personas (¡me siento mejor cuando cuido mis relaciones!), y por eso hemos incluido el último grupo de frases. En este anexo proponemos 22 frases o acciones, pero cada docente puede elaborar las que considere oportunas. Son solo ejemplos.

Una vez seleccionadas las frases, hay 2 opciones, aunque la preferible sería la segunda, que se puede convertir en una actividad en sí misma que podría durar 55 minutos.

Opción A

El docente imprime las frases en formato tarjeta, las recorta y las pone a disposición de los alumnos en el aula cuando quieran acudir al rincón de la calma. En una hoja A4 pueden caber entre 12 y 16 tarjetas, según las dimensiones elegidas. Lo ideal sería que estuviesen plastificadas.

Opción B

El docente dicta las frases (o las entrega impresas) a toda la clase. Previamente se les ha pedido que traigan cartulinas de distintos colores (o las proporciona el centro) y rotuladores. En grupos pequeños, comentan las frases y opinan sobre si tienen sentido para ellos o no. Pueden descartar frases y proponer otras nuevas, siempre que el número final de tarjetas sea mayor de 20. Cada grupo comenta su elección al resto de la clase. Si el resto de la clase, o el propio docente, no encuentran ninguna objeción a las frases propuestas, cada grupo elige un color de cartulina y la recortan hasta obtener las 22 tarjetas (o las que se decidan finalmente; y con las medidas que el docente dará). En cada tarjeta escriben una de las frases seleccionadas. Habrá distintos grupos de tarjetas según el color que haya elegido cada grupo, quedando a disposición de los alumnos que quieran usarlas.

Una vez que se dispone de un grupo importante de tarjetas de autocuidado, que se puede ir enriqueciendo con aportaciones posteriores, se pueden hacer distintas dinámicas grupales con ellas, más allá de usarlas para el rincón de la calma. Por ejemplo:

- Dedicar sesiones independientes para trabajar cada grupo de tarjetas (cuerpo, mente, emociones, relaciones), reflexionando sobre ellas y asumiendo compromisos como clase o por grupos (aquí ya no son acciones individuales) durante un determinado período de tiempo.
- Pulsar el clima del aula haciendo una votación para cada una de las tarjetas. La tarjeta más votada se somete a diálogo con toda la clase: ¿Por qué ha sido la más votada? ¿Qué dice sobre el estado de este grupo?... Se valora entre todos cuál es la mejor manera de llevarla a la práctica comprometiendo a toda la clase. Se implementa la acción y pasado un tiempo (que habrá decidido el grupo), se evalúa la experiencia y se sacan conclusiones.

No hay que centrarse en la literalidad de la frase sino en su significado. «Bebe un vaso de agua» puede servir para reflexionar con los alumnos sobre qué bebidas toman y corregir malos hábitos. Y en todas las acciones individuales se puede buscar su transformación en una acción grupal.

Ejemplos de frases y acciones para tarjetas de autocuidado

Para mi cuerpo	
Respira hondo 3 veces. ¡Suelta el aire despacio!	Estírate como un gato. ¡Bosteza si te apetece!
Bebe un vaso de agua.	Muévete un poco: salta o camina rápido por un minuto.
Cierra los ojos y relaja tus músculos.	Otra:
Para mis emociones	
Nombra lo que sientes: ¿tristeza, enfado, alegría?	Habla con alguien de confianza: un amigo/a, un familiar, tu profe.
Dibuja lo que sientes.	Escucha tu canción favorita.
Escribe en tu diario lo que te preocupa.	Date un abrazo fuerte a ti mismo/a.
Recuerda algo que te haga feliz.	Otra:
Para mi mente	
Haz una lista de 3 cosas por las que estás agradecido.	Juega a un juego de mesa con amigos.
Lee un libro que te guste.	Imagina tu lugar favorito y relájate.
Dite a ti mismo/a: «Soy valioso/a y lo estoy haciendo lo mejor que puedo».	Otra:
Para mis relaciones	
Di *gracias* a alguien.	Pide perdón si te equivocaste.
Ofrece ayuda a un compañero/a.	Pregunta a alguien desde el corazón: ¿cómo estás?
Da un abrazo (si la otra persona quiere).	Otra:

Anexo 3

Actividades para profundizar en el tema de la dependencia

Entre las actividades prácticas para trabajar en el aula que mencionamos en el capítulo 4, son de especial importancia las relacionadas con el *Eje 1*: Experiencia emocional y empática. En dicho eje, tanto la actividad 4.2.1. (Primaria) como la 4.3.1 (ESO) tienen que ver con experimentar personalmente distintas situaciones de dependencia.

Pero antes de realizar dichas actividades, es necesario que conozcan en profundidad el amplio abanico de situaciones de dependencia, y su relación con las actividades de la vida diaria que hemos expuesto en el capítulo 2. Conocer y reflexionar sobre estas situaciones, que no son ajenas a su propia historia vital. Y comprender las necesidades que manifiestan y las distintas formas de apoyar a las personas en esas necesidades.

En este anexo presentamos una serie de actividades con este fin. Están basadas en dos tablas:

Tabla 1. Actividades básicas e instrumentales de la vida diaria (tabla AVD).

Tabla 2. Dependencia: necesidades y apoyos (tabla Dependencia)

A3.1. Actividades con la Tabla 1 (tabla AVD)

Tabla 1. Actividades básicas e instrumentales de la vida diaria			
Actividades	¿Cuándo fuiste capaz?	¿Quién te ayudó?	¿Has ayudado?
Higiene personal. Incluye bañarse, ducharse, lavarse el pelo, cepillarse los dientes y el cuidado de las uñas.			
Vestido. Capacidad de ponerse y quitarse la ropa, incluyendo abrocharse botones o cremalleras.			
Alimentación. Llevar la comida a la boca, masticar, tragar y utilizar los utensilios adecuados.			
Control de esfínteres. Capacidad para controlar la micción y la defecación, o gestionar el uso de dispositivos como pañales o colectores.			
Movilidad. Levantarse, sentarse, acostarse, moverse dentro del hogar y desplazarse de un lugar a otro (incluyendo el uso de ayudas técnicas si fuera necesario).			
Uso del inodoro. Incluye el acceso, el uso adecuado y la higiene posterior.			
Manejo del dinero. Administrar las finanzas, pagar facturas, hacer compras y gestionar el presupuesto.			
Uso del teléfono. Realizar y recibir llamadas, recordar números y manejar dispositivos móviles.			

Compras. Planificar y realizar las compras necesarias de alimentos y otros enseres domésticos.			
Preparación de la comida. Planificar menús, cocinar, servir y limpiar después de las comidas.			
Mantenimiento del hogar. Realizar tareas de limpieza, organización y cuidado general de la vivienda.			
Uso de transportes. Desplazarse de forma independiente utilizando transporte público o privado.			
Manejo de la medicación. Recordar y tomar los medicamentos correctamente según las indicaciones.			
Cuidado de otros. Ser capaz de cuidar a otras personas (hijos, cónyuge, etc.) o mascotas si fuera necesario.			

Imagínate no siendo capaz de hacer algunas de estas actividades. ¿Qué sientes? ¿Cuáles llevarías peor? ¿Por qué?

Actividad A3.1.1.: «Mi historia del cuidado y mi primer paso como cuidador» (último ciclo de Primaria)	
Condición previa: Esta actividad se debería realizar antes de la actividad 4.2.1. «Un día siendo otro» del capítulo 4.	
Objetivos	• Ayudar a los alumnos a tomar conciencia de su propia historia de interdependencia, reconociendo el cuidado recibido y el que han brindado. • Visibilizar que la necesidad de ayuda es una parte natural del desarrollo, pero que el acto de ayudar también forma parte de nuestra vida diaria.

Objetivos	• Despertar la gratitud y la valoración hacia las personas que les han cuidado, y el orgullo por sus propias acciones de ayuda.
Duración	50 minutos.
Material	La tabla de AVD (adaptada al nivel de primaria), lápices de colores.
Desarrollo	*Introducción* (10 min). Inicia la sesión preguntando a los alumnos qué es lo que ya saben hacer solos. Luego, introduce la idea de que hubo un momento en el que necesitaron ayuda. Por último, pregunta si ellos han ayudado a alguien alguna vez con algo. *Rellenar la tabla* (20 min). Reparte la tabla y explica las tres preguntas. Pídeles que completen las columnas: «¿Cuándo aprendiste a hacer esto?», «¿Quién te ayudó?» y «¿Has ayudado a alguien a hacerlo?» (ej. «ayudé a mi hermano pequeño a vestirse»). *Diálogo en grupo* (20 min). En un círculo, invítales a compartir sus experiencias. Pregunta: • ¿Qué se siente al ver la lista de todas las personas que han cuidado de ti? • Ahora, mirando la última columna, ¿qué se siente cuando tú eres quien ayuda a otro? • ¿Cómo crees que se han sentido las personas a las que has ayudado? ¿Cómo te lo han manifestado?

Vinculación neurocientífica. Al reflexionar sobre haber ayudado a otros, se activa el sistema de recompensa del cerebro, liberando dopamina. Esto genera una sensación de bienestar y satisfacción que refuerza la conducta prosocial y la predisposición a cuidar. La actividad fomenta la empatía bidireccional.

Actividad A3.1.2.: «De la autonomía a la corresponsabilidad» (último ciclo de ESO)	
Condición previa: Esta actividad se debe realizar antes de la actividad 4.3.1. «Viviendo la diferencia» del capítulo 4, para que la posterior experiencia de simulación tenga una base de análisis más sólida.	
Objetivo	• Fomentar una reflexión crítica sobre la interdependencia humana, la dignidad y el papel activo que tienen como cuidadores potenciales en su entorno. • Analizar las implicaciones éticas de la dependencia y la responsabilidad individual y colectiva, así como la importancia de la ayuda.
Duración	60 minutos.
Material	La tabla de AVD, proyector y pizarra.
Desarrollo	*Introducción* (10 min). Proyecta la tabla y explícales los conceptos de actividades básicas e instrumentales de la vida diaria (ABVD-AIVD), así como el concepto de interdependencia. Introduce la idea de que todos somos, en distintos momentos de la vida, receptores de cuidado y también cuidadores. *Rellenar y analizar la tabla* (20 min). Pídeles que rellenen las tres columnas. Anímalos a pensar no solo en su pasado, sino también en el presente y en la responsabilidad y la satisfacción que sintieron o sienten al ayudar a alguien. Luego, en grupos de 3 o 4, pídeles que analicen sus respuestas. *Debate en grupo* (30 min). Abre un debate a toda la clase con preguntas guía como: • ¿Eras consciente antes de hacer este ejercicio de las situaciones de dependencia que has vivido? ¿Qué sientes al recordarlo? • Repasar la columna 2: ¿cuántas personas te han ayudado en tu vida? ¿Cuál es la que más se repite? ¿Qué sientes hacia esa persona? ¿Por qué? • En la última columna, ¿quién es la persona a la que más has ayudado? ¿Cómo te hizo sentir? ¿Qué implicaciones tiene para tu vida tener que ayudar a otra persona?

Desarrollo	• ¿Consideras que la ayuda a otros para estas tareas es una responsabilidad individual (de cada uno) o colectiva (de toda la sociedad)? ¿Por qué? • ¿Qué papel crees que juegan los cuidadores, y cómo se les podría valorar más?

Vinculación neurocientífica: Esta actividad estimula el córtex prefrontal, el área cerebral responsable del pensamiento abstracto y la toma de decisiones éticas. El debate y el análisis sobre el rol del cuidador (responsabilidad, satisfacción, etc.) refuerzan la capacidad de razonamiento moral y la empatía.

Actividad A3.1.3.: «Mapa de capacidades y ayudas» (para ambos ciclos)	
Objetivo	Analizar de forma colectiva la interdependencia humana y visibilizar las redes de apoyo.
Materiales	Tabla AVD/AIVD en formato mural o digital proyectada, *Post-it*, Rotuladores.
Tiempo	50 minutos.
Desarrollo	*Rellenado colectivo* (10 min), Cada alumno escribe en *post-it* ejemplos de personas que les han ayudado o a quienes han ayudado en las actividades de la tabla. *Creación del mapa* (15 min). Se colocan los *post-it* en el mural, organizados por cada actividad. A la izquierda de la actividad colocan quién les ayudó; a la derecha de la actividad, a quién han ayudado. *Análisis visual* (5 min). Observar qué actividades generan más ayudas recibidas o prestadas. *Reflexión final* (20 min). Conversar sobre cómo se construyen y mantienen las redes de apoyo, y qué pasaría si se rompieran.

Fundamentación neurocientífica. La representación visual activa la corteza parietal, que integra información espacial y relacional, y al reflexionar sobre la red de apoyo se refuerzan circuitos de cooperación y reciprocidad en la corteza prefrontal ventromedial, clave para la cohesión social.

A3.2. Actividades con la tabla 2 (Tabla dependencia)

Tabla 2. Situaciones de dependencia, necesidades y apoyos		
Actividad	Necesidades	Apoyos
Comer y beber	No puedo llevarme la comida a la boca, necesito que me den de comer.	
	Puedo comer solo, pero necesito cubiertos adaptados o alguien que me corte la carne o pele la fruta.	Platos y cubiertos adaptados
	Puedo beber solo, pero con un sistema adaptado o con alguien que me acerque el recipiente a los labios.	Vasos adaptados
	No puedo tragar alimentos ni beber, necesito nutrición e hidratación artificial.	Sondas, goteros
Higiene y aseo personal	Necesito ayuda para ir al baño, manipular la ropa y limpiarme.	
	Necesito que me ayuden para poder ducharme y asearme.	
	Puedo asearme y ducharme solo, pero necesito ayudas técnicas y un baño adaptado.	Baño adaptado
	Tengo problemas de incontinencia y necesito usar absorbentes (pañales).	Absorbentes
	No puedo cortarme las uñas de los pies, y las de las manos solo con un cortaúñas adaptado.	Cortaúñas adaptado
	Necesito ayuda para el cuidado estético: afeitarme o depilarme, darme cremas, maquillaje, peinarme…	Peine adaptado con mango
Vestirse	Necesito ayuda para vestirme y desvestirme.	Sistemas para ayudar a vestirse
	Necesito ayuda para ponerme el calzado.	Calzador largo
	Me puedo vestir, pero necesito ayuda con botones, cremalleras o cordones.	Aparato para abrochar botones o subir cremalleras
	No puedo reconocer ni alcanzar la ropa que está en el armario.	Armarios adaptados

Movilidad	Necesito ayuda para cambiar de postura o para pasar de la cama al sillón.	Cama articulada con triángulo; grúas; guías de techo
	Necesito ayuda para desplazarme, pues no puedo andar.	Andador, silla eléctrica
	Necesito ayuda para salir a la calle, pues me desoriento y tengo miedo.	Sistemas de geolocalización
	Necesito ayuda para desplazamientos en medios públicos (bus, metro).	Taxi / bus adaptado
Tareas domésticas	Necesito que alguien me haga la comida. No puedo cocinar.	Cocina adaptada
	No puedo ir a hacer la compra, me la tienen que traer.	Comercios que llevan la compra a casa
	Puedo poner la lavadora, pero necesito que me tiendan la ropa, la recojan y la planchen.	Sistema de tendido o de planchado adaptado
	Necesito que alguien se encargue de la limpieza y cuidado de la casa.	Robot de limpieza
Cuidado de la salud	No me aclaro con la medicación, me la tienen que preparar.	Pastilleros
	No me sé administrar las medidas terapéuticas que me manda el médico ni usar los aparatos de medición.	Tensiómetro o termómetro de voz
	No sé cómo actuar ante una situación de urgencia si me pasa algo.	Teléfono adaptado o teleasistencia
	Estoy muy desorientado y a veces incurro en situaciones de riesgo para mi salud.	Protecciones para escaleras; alfombras antideslizantes

Comunicación	Tengo problema de audición y no entiendo lo que me dicen.	Audífonos
	Tengo problemas de visión y necesito sistemas de apoyo.	Sistema braille
	No puedo comunicarme a través de la palabra, necesito sistemas alternativos de comunicación.	Pictogramas
	Estoy solo y necesito tener alguien con quien hablar y relacionarme.	Videoconferencias; Siri o Alexa
	Echo de menos las caricias y los abrazos. Los necesito.	Mascotas, muñecas terapéuticas
	A menudo no sé dónde estoy ni el día en el que vivo. Necesito ver calendarios y carteles de orientación.	Calendarios y carteles de señalización
Toma de decisiones	Estoy muy confuso y me cuesta tomar decisiones sin ayuda.	
	No reconozco a la gente y me cuesta decidir sobre mis relaciones.	
	Necesito fiarme de alguien que gestione mi dinero, pues yo me lío.	
	Necesito dejar por escrito mis voluntades anticipadas por si llega un momento que ya pierdo la conciencia y la posibilidad de expresar mis deseos en el final de mi vida.	Documento voluntades anticipadas
Otras	Situaciones no contempladas aquí.	

Actividad A3.2.1.: «El puzle del apoyo» (Primaria / ESO)	
Objetivo	Ayudar a los alumnos a identificar y asociar las necesidades de ayuda con los productos de apoyo correspondientes de forma lúdica y colaborativa.
Duración	50 minutos.
Material	La tabla impresa, tijeras, cartulinas de colores, rotuladores y pegamento.
Desarrollo	*Preparación* (10 min). Divide la clase en pequeños grupos. Proporciona a cada grupo una copia de la tabla impresa, cartulinas y tijeras. Pide a cada grupo que recorte las necesidades de ayuda y los productos de apoyo de la tabla, formando tarjetas separadas. *El puzle del apoyo* (25 min). Cada grupo tiene que mezclar todas sus tarjetas y, contrarreloj, asociar cada necesidad de ayuda con su producto de apoyo correspondiente. Se pueden añadir «comodines» o cartas en blanco para que piensen en un producto de apoyo que no esté en la lista. El grupo que termine primero, de forma correcta, gana una pequeña recompensa simbólica. *Reflexión y puesta en común* (15 min). Una vez finalizado el juego, abre un diálogo en clase. Pregunta: • ¿Qué asociaciones os han resultado más fáciles y cuáles más difíciles? • ¿Habíais visto o conocíais algunos de estos productos? • ¿Creéis que un solo producto puede ayudar con varias necesidades? • ¿Te imaginas que fueses tú la persona que necesita esa ayuda? ¿Cómo te sentirías?

Vinculación neurocientífica. La actividad, al ser un juego cooperativo y visual, activa la memoria asociativa y el pensamiento lógico. El trabajo en equipo estimula la liberación de oxitocina, reforzando la conexión social y la valoración del esfuerzo colectivo en la búsqueda de soluciones.

Actividad A3.2.2.: «Personas y productos. El bingo del cuidado» (Primaria / ESO)	
Objetivo	Ayudar a los alumnos a identificar la doble naturaleza del apoyo a la dependencia: la ayuda de las personas y la que ofrecen los productos, asociando ambos de forma visual.
Duración	1-2 sesiones.
Material	La tabla de necesidades y productos, acceso a internet, impresoras, tijeras, folios y rotuladores.
Desarrollo	*Preparación* (20 min). Divide la clase en pequeños grupos y asigna a cada grupo una sección de la tabla para que la investiguen. Pídeles que busquen en internet fotos de cada uno de los productos de apoyo de su sección, las descarguen, las impriman y las recorten.

El bingo del cuidado (25 min). Cada grupo, con sus imágenes recortadas, debe elegir 9 necesidades de la tabla y dibujarlas o escribirlas en un cartón de bingo de 3x3. Luego, el docente irá mencionando al azar, alternando, la necesidad de una persona («ayuda para peinarse») o la de un producto de apoyo («la silla de ruedas»). Los alumnos, con sus fotos impresas en la mano, marcan la casilla con la imagen correcta. El primer grupo que complete una línea grita «¡Cuidado!».

Reflexión y puesta en común (15 min). Una vez que haya un ganador, se revisan las respuestas y se abre un diálogo sobre la diferencia entre ambos tipos de ayuda. Pregunta:

• ¿Qué productos de la lista os han sorprendido más? ¿Conocíais alguno?
• ¿Qué sentís cuando el apoyo es una persona? ¿Y cuando el apoyo es por un objeto?
• ¿Creéis que hay necesidades que solo se pueden cubrir con el apoyo de una persona? ¿Y cuáles solo con un objeto?
• En aquellas necesidades que solo se pueden cubrir con la ayuda de una persona ¿te puedes visualizar siendo tú la persona que la ofrece? ¿Qué sientes? |

Vinculación neurocientífica. La búsqueda visual activa la corteza visual y el proceso de asociación, lo que facilita la retención de la información. La reflexión y el debate sobre la diferencia entre el apoyo humano y el material estimulan el córtex prefrontal, mejorando la capacidad de razonamiento social y empatía.

A3.2.3.: Juego de cartas «Cuidamos»
(Primaria / ESO)

En la tabla 2 hemos visto que hay mencionadas 36 necesidades de ayuda distintas, relacionadas con las 8 áreas de valoración de la dependencia. En las siguientes actividades te proponemos plasmar esas 36 necesidades en un juego de cartas.

Objetivo

Ponerse en el lugar de una persona con dependencia, identificar sus necesidades y proponer soluciones humanas, técnicas o creativas, desde el respeto, la dignidad y la inclusión. La clave es que el juego no sea competitivo, sino que obligue a los jugadores a reflexionar sobre el significado de las cartas al hacer sus combinaciones. Fomenta la verbalización de los conceptos, lo que refuerza el aprendizaje.

Primera parte. Elaborar las cartas

Los alumnos deben desarrollar sus dotes artísticas y realizar una ilustración para cada carta. Lo pueden hacer, si el docente lo considera oportuno, con la ayuda de la inteligencia artificial. Más adelante verás algunos ejemplos de necesidades ilustradas realizadas con la ayuda de ChatGPT. Basta con indicarle el tipo de necesidades y pedirle que realice una ilustración. Tú le indicas las características que quieres que tenga. El reto es llegar a conseguir 36 cartas ilustradas con las situaciones de dependencia. Cada carta representa una necesidad concreta relacionada con una de las 8 áreas de actividad. Si seguimos el esquema de la tabla 2 (puedes modificarlo), tendríamos estas cartas:

Actividad	Necesidades (cartas)
Comer y beber	4 cartas
Higiene y aseo	6 cartas
Vestirse	4 cartas
Movilidad	4 cartas
Tareas domésticas	4 cartas
Cuidad de la salud	4 cartas
Comunicación	6 cartas
Toma de decisiones	4 cartas
Total = 36 cartas	

Se hacen grupos de juego. Cada grupo se reparte las cartas entre sus miembros y decide el tipo de ilustración que harán, para tener un formato común cada grupo. Si se hace por ordenador, una vez realizadas se imprimen (si no es posible en el centro, deberán hacerlo en sus casas o en una copistería) y se recortan. Se pegan en cartulinas gruesas para que tengan consistencia. Opcionalmente se pueden plastificar. Si el grupo opta por hacer las ilustraciones manualmente, necesitarán cartulinas, tijeras y el material de dibujo que consideren (según el estilo elegido).

Se ponen en común las cartas elaboradas por cada grupo. Explican el proceso seguido, las dificultades encontradas y lo que han aprendido. Se valora entre todos tanto el proceso seguido como el resultado estético final.

Tiempo estimado

Una sesión de clase para la preparación. El tiempo final dependerá del estilo de dibujo elegido y si se realiza parte del trabajo en sus casas. Si la ilustración se realiza por medio de la Inteligencia Artificial, una vez que le das las pautas no tarda más de un minuto en realizarte la ilustración. Por ejemplo, si se realizan grupos de 4 jugadores y cada jugador se encarga de 9 cartas, en 10 minutos podrían obtener las imágenes, dependiendo de cómo se organicen, tipo de ordenador y la velocidad de internet. A ello habrá que añadir el tiempo para la impresión (normalmente lo harán fuera del horario de clase), recortar y pegar.

Segunda parte. ¡A jugar!

Una vez tenemos las cartas preparadas, proponemos distintas modalidades de juego. Todas se pueden realizar en una sesión de clase. Todas deberían terminar con una evaluación de lo que han aprendido y, sobre todo, de lo que han sentido interpretando cada una de las situaciones.

Modalidad 1. La solución ideal

Cada jugador o grupo recibe una carta. Debe analizar la situación, identificar las necesidades de la persona y proponer soluciones posibles (humanas, técnicas, emocionales, sociales).

Modalidad 2. En su piel

Cada jugador interpreta a la persona de la carta: cuenta su día, qué siente, qué necesita. Se puede hacer como relato, teatro breve o carta escrita.

Modalidad 3. Diálogos de cuidado

En parejas: una persona representa al usuario/a y la otra al cuidador/a. Dialogan sobre cómo ofrecer ayuda respetando deseos y límites.

Modalidad 4. Problema en cadena

Se presentan 3 cartas. El grupo debe decidir a cuáles dos ayudar primero, justificando su decisión. Se trabaja la ética del cuidado.

Modalidad 5. Historias cruzadas

Crear una historia en la que se entrelacen tres cartas. ¿Qué ocurre si estas personas conviven? ¿Cómo se apoyan entre sí?

*** *Variante: El bingo del cuidado.*

La actividad A3.2.2. «El bingo del cuidado» se puede realizar utilizando este juego de cartas. Según la creatividad del docente, al contar con estas 36 cartas y otras tantas con las fotos de los productos de apoyo que hayan podido localizar, se tiene un rico material para hacer más combinaciones de juegos.

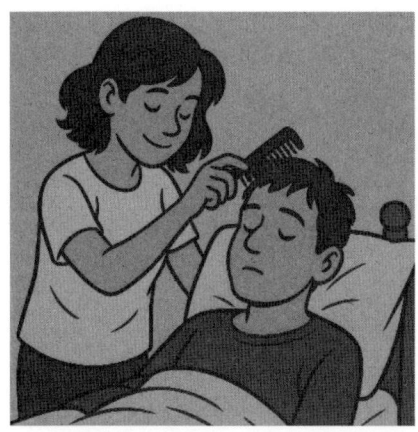

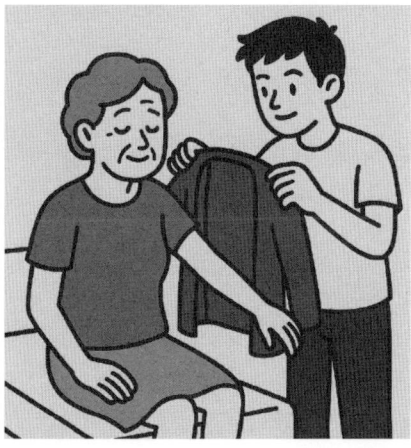

Anexo 4

Meditación compasiva guiada

La meditación guiada es una excelente herramienta para cultivar la compasión y es adaptable a diferentes edades. Dada la naturaleza de la práctica y las diferencias en la capacidad de atención y abstracción entre el alumnado de final de Primaria y de la ESO, propongo una meditación con un enfoque central similar, pero con adaptaciones específicas en el lenguaje y la profundidad de la visualización para cada etapa. Ambas meditaciones se basarán en los principios del Decálogo de la compasión, que habremos trabajado previamente en el aula.

Consideraciones para el profesorado:

- Asegúrate de un ambiente tranquilo, sin distracciones.
- Pide al alumnado que se sienten cómodamente, con la espalda recta pero relajada, los pies en el suelo y las manos sobre los muslos.
- La voz de quien dirige la meditación debe ser suave, pausada y calmada.
- Las pausas son importantes para permitir la visualización y la integración de las sensaciones.
- No hay una forma «correcta» o «incorrecta» de sentir; el objetivo es la exploración interna.

Propuesta 1. Meditación guiada para alumnado de último ciclo de Primaria

Guía
(Duración aproximada: 5-7 minutos)

Hola a todos. Vamos a hacer un pequeño viaje juntos, un viaje tranquilo hacia nuestro interior. Os pido que os sentéis cómodamente, con la espalda recta, pero sin forzar. Ponéis vuestros pies en el suelo y vuestras manos sobre las piernas. Podéis cerrar los ojos suavemente si os sentís cómodos, o simplemente mirar un punto fijo en el suelo.

Ahora, vamos a tomar tres respiraciones profundas. Inhalamos lentamente por la nariz... y exhalamos suavemente por la boca. [Pausa] Otra vez, inhalamos... y exhalamos. [Pausa] Una última vez, inhalamos... y exhalamos. Sentid cómo vuestro cuerpo se relaja un poquito más con cada respiración.

Pensad ahora en un lugar que os haga sentir muy, muy bien. Un lugar seguro, donde os sintáis queridos y tranquilos. Puede ser vuestra habitación, un parque, la casa de un abuelo, o un lugar inventado. Visualizad los colores, los sonidos, los olores de ese lugar. Sentid lo a gusto que estáis allí.

[Pausa de 30 segundos]

Ahora, quiero que penséis en vosotros mismos. En vuestro corazón. Imaginad que hay una luz cálida y brillante dentro de vuestro pecho. Es una luz que os hace sentir bien, una luz de bienestar y amabilidad. Esta luz os recuerda que sois especiales, que sois únicos, que estáis bien tal y como sois. Sentid esa calidez, esa paz.

[Pausa de 20 segundos]

Pensad que esta luz de amabilidad y bienestar es vuestra. Es vuestro propio cuidado. Recordad lo importante que es cuidaros, igual que cuidáis vuestro juguete favorito o vuestra planta. Sentid esa amabilidad que os dais a vosotros mismos. Repetid en silencio: *«Me cuido con cariño. Me respeto. Me escucho».*

[Pausa de 20 segundos]

Ahora, vamos a hacer que esa luz se haga un poquito más grande. Pensad en alguien a quien queréis mucho. Puede ser un familiar o un amigo/a. Imaginad que esa luz cálida de vuestro corazón se expande y llega hasta esa persona. Enviadles vuestro deseo de que estén bien, de que estén felices, de que se sientan seguros. Sentid cómo esa amabilidad viaja desde vosotros hacia ellos. Mírala con cariño. Repítete: *«Tú también eres valiosa. Te deseo bienestar. Te acompaño con respeto».*

[Pausa de 30 segundos]

Finalmente, pensad en las personas de vuestra clase, en vuestro colegio, en vuestro barrio. Imaginad que esa luz se sigue expandiendo, abrazando a todas esas personas. Enviadles vuestro deseo de que estén bien, de que se sientan felices, de que se ayuden unos a otros. Sentid cómo esa luz de cuidado y amabilidad llega a todos.

[Pausa de 30 segundos]

Ahora, poco a poco, vamos a traer la atención de vuelta a la sala. Sentid vuestros pies en el suelo, vuestras manos en las piernas. Escuchad los sonidos a vuestro alrededor. Cuando estéis listos, podéis abrir los ojos suavemente, trayendo con vosotros esa sensación de calma y amabilidad.

Propuesta 2: Meditación guiada para alumnos de último ciclo de la ESO

Guía
(Duración aproximada: 8-10 minutos)

Vamos a comenzar una práctica de meditación para conectar con la compasión. Os invito a sentaros con una postura que os sea cómoda pero atenta, la espalda erguida, pero sin tensión, los pies firmemente apoyados en el suelo, y las manos reposando sobre los muslos. Podéis cerrar los ojos suavemente o fijar la mirada en un punto bajo y tranquilo. Permitíos un momento para ajustar vuestra postura.

Ahora, llevamos la atención a nuestra respiración. Sin intentar cambiarla, simplemente observamos el aire entrar y salir de nuestro cuerpo. Notamos cómo el abdomen se eleva y desciende con cada inhalación y exhalación. Es un ancla, un recordatorio de que estamos aquí, en este momento presente.

[Pausa de 20 segundos]

Tomemos tres respiraciones más profundas, inhalando plenamente... y soltando cualquier tensión al exhalar. [Pausa] Inhalamos... y exhalamos. [Pausa] Una última vez, inhalamos... y exhalamos.

Ahora, dirigimos nuestra atención hacia nosotros mismos. Permítete sentir tu propia existencia, tu singularidad. Reconoce que, como toda persona, eres vulnerable, estás en constante cambio y tienes necesidades. Di en silencio: *«Me reconozco vulnerable. Me acepto tal como soy»*. Conectamos con esa parte de nosotros que anhela bienestar, seguridad y comprensión. Imagina una sensación de calidez y amabilidad que emerge desde el centro de tu pecho. Es la autocompasión, la capacidad de cuidarte a ti mismo con la misma ternura que ofrecerías a alguien a quien quieres. Siente cómo esta calidez te envuelve, aceptándote plenamente tal como eres, con tus fortalezas y tus dificultades.

[Pausa de 45 segundos]

Permite que esta sensación de amabilidad se expanda. Piensa ahora en una persona que conoces y que está pasando por un momento difícil, o que quizás te genere alguna dificultad. Puede ser alguien cercano, o alguien que conoces de lejos. Recuerda que, al igual que tú, esta persona también es vulnerable, también tiene necesidades y busca su propio bienestar. Observa a esta persona con una actitud de aceptación, sin juicio, reconociendo su momento vital. Y desde esa calidez en tu pecho, envíale un sincero deseo de que pueda encontrar paz, de que pueda liberarse de su sufrimiento, de que encuentre la fuerza necesaria. Muestra amabilidad y respeto en tu pensamiento. Siente cómo esta intención compasiva fluye desde ti hacia esa persona. Di: *«Te veo. Reconozco tu dolor. Te deseo paz y alivio»*.

[Pausa de 1 minuto]

Finalmente, expande esta intención compasiva a un círculo más amplio. Piensa en tu comunidad, en las personas de tu entorno: tu barrio, tu ciudad, incluso personas en otras partes del mundo que sabes que están sufriendo. Observa y escucha, incluso en la distancia, sus necesidades y preocupaciones. Reconoce la interconexión entre todos nosotros. Y desde tu corazón, envíales un deseo profundo de bienestar, de que puedan ser liberados del sufrimiento, de que puedan vivir con dignidad y paz. Siente cómo tus acciones y tu intención contribuyen a construir una comunidad más compasiva.

[Pausa de 1 minuto]

Ahora, suavemente, vamos a traer la atención de vuelta a nuestra propia respiración, al contacto de nuestro cuerpo con la silla y el suelo. Sin prisa, cuando te sientas preparado o preparada, puedes abrir los ojos, trayendo contigo esta sensación de compasión y conexión.

Propuesta de preguntas para la reflexión posterior a la meditación

Objetivo: facilitar la expresión de las experiencias internas, conectar la meditación con los conceptos de cuidado y compasión, y fomentar la empatía grupal.

Consideraciones para el profesorado

- Crea un ambiente de confianza y respeto donde todos se sientan seguros para compartir (o para no hacerlo, si así lo desean).
- Recuerda al alumnado que no hay respuestas «correctas» o «incorrectas», solo experiencias personales.
- Anima a escuchar activamente a los compañeros.
- Según el contexto, puedes comenzar compartiendo brevemente tu propia experiencia para modelar la apertura.

Para alumnado de último ciclo de Primaria (10-12 años)

1. ¿Cómo te sentiste durante la meditación? ¿Sentiste calma, alguna emoción?
2. Cuando pensaste en la luz cálida en tu corazón, ¿qué sensación te dio? ¿Pudiste sentir esa amabilidad hacia ti mismo/a?
3. Cuando esa luz se expandió hacia alguien a quien quieres, ¿pudiste sentir ese deseo de que estuviera bien?
4. ¿Fue fácil o difícil enviar buenos deseos a un grupo más grande de personas, como tu clase o tu barrio? ¿Por qué crees que sí o no?
5. ¿Qué crees que tiene que ver esta meditación con el Decálogo de la compasión que hemos visto? ¿Hay algún punto que te recuerde a lo que hemos hecho? (Por ejemplo, cuidarse a uno mismo, ser amable, escuchar).
6. ¿De qué manera crees que el pensar en el bienestar de los demás puede ayudarnos a cuidarnos mejor unos a otros en el día a día?

Para alumnado de último ciclo de la ESO

1. ¿Qué sensaciones o pensamientos surgieron en ti durante la práctica? ¿Hubo algún momento de particular conexión o desafío?
2. La primera parte de la meditación se centra en la autocompasión y en reconocer la propia vulnerabilidad. ¿Cómo resuena esto contigo? ¿Por qué crees que es importante cuidarse a uno mismo para poder cuidar a los demás?
3. Al expandir la intención compasiva hacia una persona o grupo que pudiera tener alguna dificultad, ¿qué observaste en ti mismo/a? ¿Fue un ejercicio desafiante? ¿Qué nos enseña esto sobre la aceptación de las personas en su momento vital?

4. ¿De qué forma crees que la práctica de la escucha activa, mencionada en el decálogo, se relaciona con el envío de compasión hacia los demás?

5. ¿Cómo podría esta experiencia de meditación contribuir a desarrollar una «comunidad compasiva» en nuestro entorno (clase, colegio, familia, etc.), tal como se menciona en el decálogo?

6. ¿Qué ideas o reflexiones te llevas de esta meditación que puedas aplicar en tu día a día, especialmente en la forma en que interactúas con personas que puedan necesitar apoyo o cuidado?

Anexo 5

Actividades para reflexionar sobre la muerte y el duelo en el aula

Objetivos generales

- Normalizar la experiencia de la muerte y el duelo como parte de la vida.
- Desarrollar la empatía y la compasión hacia quienes están en proceso de duelo.
- Fomentar habilidades para expresar y gestionar emociones relacionadas con la pérdida.
- Reconocer la importancia del apoyo mutuo y la red de cuidado en momentos de dificultad.

Las cuatro actividades que aquí proponemos son generales, no sirven en caso de que se haya producido una muerte real que haya conmocionado al grupo de clase. Si se ha producido esta situación, recomendamos seguir alguna de las actividades que aparecen en la excelente publicación gratuita: *Hacia el agradecido recuerdo. Manual para el acompañamiento educativo en situaciones de duelo para infantil, primaria y secundaria*; o usar el servicio de los Centros de Escucha. Se puede encontrar la referencia a ambos recursos en el apartado de «Bibliografía y recursos», al final de este libro.

Propuesta para alumnos de último ciclo de Primaria

Enfoque: introducir el tema de forma suave, centrándose en el recuerdo, las emociones básicas y el apoyo. Se evita el lenguaje excesivamente clínico o filosófico.

Actividad A5.1.: «El cofre de los recuerdos preciosos»

Materiales. Una caja decorada (el «cofre»), papelitos pequeños, lápices de colores, música suave.

Desarrollo:

1. *Introducción* (10 min). El docente explica que todos en la vida experimentamos pérdidas (un juguete, una mascota, un familiar que se muda lejos, una persona que ya no está). Se valida que sentir tristeza o extrañar es normal. Se introduce la idea de que los recuerdos nos ayudan a mantener cerca lo que valoramos.

2. *Actividad individual* (20 min). Cada alumno recibe un papelito y se le pide que piense en un recuerdo precioso de algo o alguien que ya no está físicamente con ellos (puede ser una mascota, un objeto que se perdió, un abuelo/a, etc.). No es obligatorio que sea una persona fallecida si no se sienten cómodos. Deben dibujar o escribir una palabra o frase que represente ese recuerdo y la emoción asociada.

3. *Compartir* (opcional, 15-20 min). Se invita a los alumnos que quieran, a compartir lo que dibujaron o escribieron. El profesor debe crear un ambiente de escucha y respeto absoluto. Podrá causar extrañeza que salgan expresiones de sentimiento de duelo tanto por objetos como por animales o por personas. Se enfatiza que todos los sentimientos son válidos y que el compartir nos ayuda a sentirnos acompañados.

4. *Cofre de la comunidad* (5 min). Todos los papelitos se guardan en el «cofre de los recuerdos preciosos» de la clase. El

profesor explica que este cofre es un símbolo de que, como clase, valoramos y cuidamos nuestros recuerdos, y que nos apoyamos unos a otros en los momentos difíciles.

Conexión con el Decálogo de la compasión

Punto 1 (*Reconocimiento de la vulnerabilidad*). Se valida la experiencia de la pérdida y la emoción asociada.

Punto 6 (*Escucha con tranquilidad, respeto y actitud abierta*). Se fomenta la escucha activa al compartir las historias.

Punto 7 (*Acompaño, doy equilibrio y bienestar*). El cofre y el compartir crean un espacio de acompañamiento.

Conexión neurocientífica. Al rememorar y expresar recuerdos positivos, se activan áreas cerebrales asociadas con la recompensa y la memoria emocional (como el hipocampo y el sistema límbico), ayudando a procesar la pérdida de una manera que equilibra el dolor con la gratitud y el afecto. El acto de compartir en un entorno seguro fortalece las vías neuronales de la conexión social y reduce la sensación de aislamiento, activando sistemas de oxitocina que promueven el vínculo y la confianza.

> ## Actividad A5.2.: «El árbol de la vida y las hojas del recuerdo»

Materiales. Una silueta grande de un árbol sin hojas en una cartulina o pizarra, hojas pequeñas de papel de colores, marcadores.

Desarrollo

1. *Introducción* (10 min). Se presenta la metáfora del árbol de la vida, que crece y cambia. A veces, las hojas caen, pero el árbol sigue ahí. Esas hojas que caen pueden representar personas, momentos o cosas que ya no están, pero que fueron parte de nuestra vida.

2. *Actividad individual* (15 min). Cada alumno escribe o dibuja en una hoja de papel algo o alguien que han «perdido» (similar al cofre, puede ser algo no relacionado con el fallecimiento si es su preferencia) y que les gustaría recordar.
3. *Construcción del árbol comunitario* (20 min). Los alumnos van pegando sus «hojas del recuerdo» en el árbol. Pueden compartir brevemente lo que representó su hoja si lo desean. El profesor recalca que el árbol sigue siendo fuerte y hermoso, incluso con hojas caídas, porque las raíces (nuestros recuerdos y el apoyo mutuo) lo sostienen.
4. *Reflexión* (5 min). ¿Cómo nos ayuda recordar? ¿Cómo nos podemos apoyar si alguien en la clase está triste por una pérdida?

Conexión con el Decálogo de la compasión:

Punto 3 (*Acepto a las personas en su momento vital*). Se reconoce que la vida tiene ciclos, incluyendo la pérdida.

Punto 9 (*Desarrollo una comunidad compasiva*). La construcción del árbol en grupo simboliza el apoyo comunitario.

Conexión neurocientífica. La metáfora del árbol ayuda a los cerebros jóvenes a conceptualizar la permanencia del afecto a pesar de la ausencia física, facilitando el procesamiento cognitivo de la pérdida. La visualización y la creación manual activan redes neuronales relacionadas con la creatividad y el procesamiento visual. La construcción colectiva del árbol refuerza la sensación de pertenencia y apoyo social, lo que puede amortiguar la respuesta al estrés y activar el sistema de apego y recompensa en el cerebro social.

Propuesta para alumnos de último ciclo de la ESO

Enfoque: abordar la complejidad emocional del duelo, la diversidad de experiencias y la construcción de comunidades de apoyo. Se puede introducir el concepto de las etapas del duelo de forma sencilla.

Actividad A5.3.: «Mitos y realidades del duelo»

Materiales. Pizarra o papelógrafo, marcadores, tarjetas con «mitos» y «realidades» (o se leen en voz alta).

Desarrollo

1. *Lluvia de ideas* (15 min). El docente pide al grupo que compartan ideas o frases que han escuchado sobre la muerte y el duelo. Las anota en la pizarra.
2. *Análisis de mitos vs. realidades* (25 min). El docente presenta algunas afirmaciones (mitos y realidades) sobre el duelo. El alumnado, en pequeños grupos, debe discutir si creen que es un mito o una realidad y por qué.
3. *Puesta en común y debate* (15 min). Cada grupo comparte sus conclusiones. El docente facilita un debate, corrigiendo mitos y validando las complejidades del duelo. Se enfatiza que lo importante es que cada uno encuentre su forma sana de transitarlo.

Ejemplos de mitos y realidades
1. *Mito*: «Debes superar el duelo lo antes posible para seguir adelante con tu vida».   *Realidad*: el duelo no tiene un plazo fijo ni se «supera» de la noche a la mañana. Es un proceso que se transita y se integra en la vida de cada persona a su propio ritmo. Presionarse para «superarlo» rápidamente puede ser perjudicial.
2. *Mito*: «Si no lloras o no muestras tu dolor abiertamente, significa que no te importa o no estás sufriendo de verdad».   *Realidad*: cada persona expresa el duelo de manera diferente. Algunas personas lloran mucho, otras sienten el dolor de forma más interna, otras se mantienen ocupadas, etc. La ausencia de lágrimas no indica falta de dolor o de amor.

3. *Mito*: «Hablar constantemente de la persona fallecida o de la pérdida es perjudicial y te impide seguir adelante». *Realidad*: hablar y recordar a la persona o la situación perdida es una parte importante y saludable del proceso de duelo. Permite procesar los recuerdos, validar los sentimientos y mantener una conexión. Lo perjudicial sería reprimirlo.
4. *Mito*: «El tiempo lo cura todo». *Realidad*: el tiempo ayuda a amortiguar el dolor agudo, pero no borra la pérdida. Con el tiempo, se aprende a vivir con la ausencia y a integrar la pérdida en la vida, pero el dolor puede reaparecer, especialmente en fechas significativas. Es más bien «el tiempo *y el trabajo en el duelo*» lo que ayuda.
5. Mito: «Debes evitar los recuerdos y los lugares que te hagan sentir triste». *Realidad*: si bien al principio puede ser abrumador, evitar constantemente los recuerdos puede prolongar el duelo. Confrontar los recuerdos, de forma gradual y a su propio ritmo, es parte de la integración de la pérdida.
6. *Mito*: «Si te ríes o disfrutas de la vida después de una pérdida, estás faltando al respeto a la persona o situación perdida». *Realidad*: experimentar momentos de alegría o placer durante el duelo es normal y necesario. Son pequeños respiros que permiten recargar energías y no significan que el dolor o el amor hayan desaparecido.
7. *Mito*: «Hay que ser fuerte y no llorar para superar una pérdida». *Realidad*: llorar es una forma natural de expresar el dolor y es parte del proceso de curación.
8. Mito: «El duelo dura un año y luego se acaba». *Realidad*: no hay un tiempo fijo para el duelo; es un proceso único para cada persona.

Conexión con el Decálogo de la compasión

- Punto 3 (*Acepto a las personas en su momento vital*). Rompe con la idea de que hay una forma «correcta» de duelo y valida la individualidad.

- Punto 6 (*Escucho con tranquilidad, respeto y actitud abierta*). Fundamental para el debate y la aceptación de las diferentes perspectivas.
- Punto 9 (*Desarrollo una comunidad compasiva*). Desmontar mitos ayuda a crear un entorno más comprensivo.

Conexión neurocientífica. Desafiar los mitos sobre el duelo implica activar el pensamiento crítico en la corteza prefrontal, permitiendo una reevaluación cognitiva de creencias arraigadas. Esta reestructuración cognitiva puede ayudar a regular la amígdala (centro del miedo y la emoción) al reducir la presión autoimpuesta y social, promoviendo una respuesta más saludable al estrés del duelo. El debate grupal fortalece las redes neuronales implicadas en la empatía y la toma de perspectiva social.

Actividad A5.4.: «Cartas de acompañamiento compasivo»

Materiales. Papel, bolígrafos, sobres, quizá algunas tarjetas con situaciones o emociones.

Desarrollo

1. *Introducción* (15 min). Se reflexiona sobre cómo podemos acompañar a alguien que está sufriendo una pérdida. Se discuten ideas del Decálogo de la compasión: ¿Cómo mostramos interés sin invadir? ¿Cómo escuchamos sin dar consejos que no nos piden? ¿Cómo damos equilibrio y bienestar?
2. *Ejercicio de escritura* (25 min). Cada alumno elige una de las siguientes opciones (o una combinación):
   a. Escribir una carta a un amigo/a o familiar hipotético/a que está pasando por un duelo, ofreciendo apoyo desde la compasión. ¿Qué dirían a esa persona para hacerla sentir acompañada, respetada y que su dolor es válido? ¿Qué ofrecerían hacer por esa persona? (Se enfatiza no dar soluciones, sino presencia y apoyo).

b. Escribir una carta a su «yo del futuro» sobre cómo le gustaría ser cuidado/a o acompañado/a si alguna vez tuviera que afrontar una pérdida importante.

3. *Compartir* (opcional, 15-20 min). Se invita a los alumnos a leer en voz alta fragmentos de sus cartas o a compartir las reflexiones que surgieron al escribirlas. No es necesario compartir la carta completa si no lo desean.

4. *Conclusión* (5 min). Se resalta que el acompañamiento compasivo no es solucionar el dolor de otro, sino estar presente de una manera que honre su experiencia y le haga sentir menos solo.

Conexión con el Decálogo de la compasión

* Punto 4 (*Soy amable con las otras personas*). Practicar la amabilidad a través de la comunicación escrita.

* Punto 7 (*Acompaño, doy equilibrio y bienestar*). Explorar formas concretas de acompañamiento.

* Punto 9 (*Desarrollo una comunidad compasiva*). Aplicar la comprensión y el alivio del sufrimiento a través del apoyo.

Conexión neurocientífica. La escritura expresiva se ha demostrado que ayuda a la regulación emocional y al procesamiento cognitivo de experiencias difíciles, activando áreas prefrontales asociadas con la planificación y la autorreflexión. Al ponerse en el lugar de quien sufre o de un futuro «yo», se activa la red de la empatía en el cerebro (incluyendo la corteza cingulada anterior y la ínsula). La anticipación de cómo ofrecer o recibir apoyo fortalece las vías neuronales vinculadas a la conducta prosocial y al apego seguro, promoviendo la resiliencia y el bienestar colectivo. Es fundamental que el profesor se sienta cómodo abordando estos temas y que el aula sea un espacio seguro. Estas actividades están diseñadas para ser un punto de partida y pueden adaptarse según las necesidades y sensibilidades específicas del grupo.

Anexo 6

Experiencia de trabajo intergeneracional

Presentamos el proyecto realizado en Vinalesa (Valencia) entre el colegio de las Carmelitas Vedrunas y la casa de religiosas mayores de la misma congregación. Son hermanas que se encuentran necesitadas de cuidados asistenciales. El proyecto se ha realizado durante los cursos 2023-2024 y 2024-2025, con voluntad de continuidad. Este proyecto obtuvo el primer premio en el concurso de Buenas Prácticas Asistenciales –área psicosocial– organizado por la Fundación Camilo de Lellis.

«Aprendemos, enseñamos»
Proyecto de acompañamiento intergeneracional entre adolescentes y personas de la tercera edad.
Antonio Almela Zamorano, profesor de Valores Cívicos y Éticos
Centro Educativo Vedruna, Vinalesa

Índice

- Metodología
- Áreas de intervención
- Diario de intervención
- Temporalización
- Evaluación del proyecto
- Reflexión final
- Anexo: ejemplo de un diario de intervención

Introducción

El presente proyecto de aprendizaje-servicio se desarrolla en una residencia de religiosas ancianas, donde un grupo de estudiantes de 4.º de ESO tiene la oportunidad de interactuar con ellas. El objetivo es fomentar el intercambio generacional, creando un espacio en el que se pueda enriquecer tanto a las religiosas como al alumnado. En un mundo donde la brecha entre generaciones tiende a ampliarse, esta iniciativa se convierte en una plataforma para construir puentes entre el pasado y el presente, entre la experiencia y la juventud.

A lo largo del curso, los estudiantes participan en diversas actividades diseñadas para atender las necesidades físicas, cognitivas y emocionales de las ancianas. Al mismo tiempo, las religiosas ofrecen su sabiduría y vivencias, creando un entorno donde el aprendizaje es bidireccional. Este proyecto no solo busca mejorar la calidad de vida de las residentes, sino también cultivar valores como la empatía, la solidaridad y el respeto entre las generaciones. A medida que los estudiantes comparten momentos de alegría y aprendizaje, se establecen conexiones significativas que trascienden el tiempo, promoviendo un diálogo intergeneracional que enriquece a ambos grupos.

Quiero destacar que el proyecto ha contado con una excelente acogida por parte del claustro de profesorado. Esta respuesta positiva se ha traducido en un apoyo constante, tanto en forma de colaboración como de ayuda y visibilidad en distintos momentos. Algunos ejemplos que reflejan esta implicación son los siguientes:

- La persona responsable de Pastoral, una de las principales impulsoras del proyecto, ha participado activamente en reuniones, proponiendo ideas de dinámicas y actividades, además de intervenir de manera directa en alguna de las sesiones.
- La profesora de Educación Plástica y Visual ha colaborado en la organización de talleres, manualidades y murales, facilitando el trabajo tanto del profesorado como del personal de la residencia.
- En determinadas festividades o circunstancias especiales ha sido necesario ajustar horarios, ampliar sesiones o realizar cambios en la planificación. Estas modificaciones siempre han sido acogidas con plena disposición, cediendo clases de otras asignaturas para hacerlas posibles.
- En varias ocasiones, más de un profesor ha acompañado al grupo, ofreciendo apoyo al docente principal en el desarrollo de la actividad.
- Otros niveles educativos, especialmente Infantil, han compartido materiales que han resultado de gran utilidad para llevar a cabo talleres y manualidades.
- Durante el acto de graduación del alumnado de 4.º de ESO se ha reservado un espacio muy especial para las hermanas, en el que se presenta públicamente el proyecto y se reconoce su participación. En este momento, además, las Hermanas hacen entrega de un obsequio al alumnado, implicándose de manera significativa en una jornada tan importante y emotiva para toda la comunidad educativa.

1. Objetivos

1.1. Objetivos educativos

1. Desarrollar competencias personales y sociales. Fomentar en los estudiantes la empatía, la sensibilidad social y

el respeto hacia las personas mayores, así como mejorar sus habilidades de comunicación interpersonal y trabajo en equipo, mediante el contacto directo con las ancianas.

2. Potenciar competencias académicas. Aplicar conocimientos adquiridos en el aula en áreas como lengua, historia, cultura y tecnología, a través de actividades prácticas que integren lectura, redacción, investigación y el uso de herramientas digitales.

3. Fomentar valores cívicos. Promover en los estudiantes el compromiso con su comunidad, la solidaridad intergeneracional y la responsabilidad cívica, desarrollando una actitud activa de ayuda y cooperación con quienes más lo necesitan.

4. Mejorar el respeto por la diversidad generacional. Enseñar a los estudiantes a valorar la riqueza de la experiencia y sabiduría de las personas mayores, combatiendo estereotipos sobre el envejecimiento y reconociendo el valor de las religiosas en la historia y cultura locales.

1.2. Objetivos comunitarios

1. Acompañar y reducir la soledad. Ofrecer apoyo emocional y compañía a las religiosas, mejorando su bienestar emocional y fomentando su participación en actividades sociales y recreativas, con el objetivo de reducir el aislamiento y la soledad.

2. Estimular cognitivamente. Organizar actividades que ayuden a las religiosas a mantener activas sus capacidades cognitivas, como juegos de memoria, lectura compartida y conversaciones que estimulen el diálogo y el pensamiento.

3. Fomentar la actividad física ligera. Proponer actividades adaptadas que promuevan el bienestar físico, tales como paseos o ejercicios suaves, siempre respetando las capacidades y limitaciones de las religiosas ancianas.

4. Fomentar el mantenimiento de la psicomotricidad fina. Diseñar y llevar a cabo actividades que estimulen la psicomotricidad fina de las religiosas, como manualidades, ejercicios de coordinación mano-ojo, y tareas que impliquen movimientos precisos con las manos, contribuyendo a mantener su destreza manual y autonomía en las tareas diarias.

5. Facilitar el acceso a la tecnología. Enseñar a las religiosas el uso básico de dispositivos tecnológicos (como móviles o tabletas) para que puedan mantenerse conectadas con familiares y el mundo exterior, promoviendo la inclusión digital.

6. Enriquecer cultural y creativamente la vida de las religiosas. Proporcionar actividades culturales, artísticas y recreativas que aporten momentos de entretenimiento, creatividad y alegría a las religiosas, potenciando su bienestar integral.

1.3. Objetivos de transformación personal y social

1. Cambio de perspectiva en los estudiantes sobre el envejecimiento. Generar en los estudiantes una nueva valoración de la vejez, comprendiendo la importancia del respeto, el cuidado y el apoyo a las personas mayores, superando prejuicios y estereotipos sobre el envejecimiento.

2. Desarrollar habilidades de liderazgo y organización en los estudiantes. Fomentar en los estudiantes capacidades de liderazgo, planificación y toma de decisiones mediante la organización de actividades para las religiosas, fortaleciendo su sentido de responsabilidad y autonomía.

3. Rejuvenecer el ambiente social y emocional de las religiosas. Contribuir a que las religiosas se sientan conectadas con las nuevas generaciones, aportando dinamismo, alegría y una perspectiva fresca a sus vidas cotidianas, mejorando su autoestima y sentido de pertenencia a la comunidad.

2. Fases del proyecto

1. *Fase de diagnóstico*. Análisis detallado de la situación de la residencia, las necesidades específicas de las religiosas ancianas y los recursos disponibles. Este diagnóstico incluye:

   - Observación de la realidad de la residencia. Evaluamos las condiciones de la residencia y de las religiosas ancianas, considerando tanto sus necesidades físicas como emocionales.
   - Consulta con profesionales de la salud. Contamos con la colaboración de una enfermera y un fisioterapeuta que aportan información clave sobre el estado de salud de las religiosas, ayudándonos a identificar actividades.
   - Identificación de actividades y recursos. Recogemos datos sobre las preferencias y capacidades de las religiosas para definir las actividades más adecuadas, con especial atención a la psicomotricidad fina, la cognición, la interacción social y el bienestar general.

2. *Fase de planificación*. Organizamos y planificamos de manera detallada las actividades que realizaremos, basándonos en el diagnóstico previo. Incluye:

   - Diseño de las actividades. Definimos las actividades específicas que los estudiantes llevarán a cabo con las religiosas.
   - Asignación de responsabilidades. Establecemos los roles de cada estudiante, asignándolos a diferentes actividades según sus habilidades e intereses. También definimos los tiempos y la frecuencia de las visitas a la residencia.
   - Coordinación con los profesionales. En colaboración con la enfermera y el fisioterapeuta, nos aseguramos de que las actividades sean seguras y estén adaptadas a las capacidades físicas y cognitivas de las religiosas.

3. *Fase de ejecución*. Las acciones incluyen:

- Desarrollo de las actividades programadas. Los estudiantes llevan a cabo las actividades propuestas, prestando atención al acompañamiento emocional de las religiosas y adaptándose a sus necesidades en el momento.
- Monitoreo continuo. Durante la ejecución, mantenemos una comunicación constante con los profesionales de la residencia para asegurarnos de que las actividades tienen un impacto positivo y que las religiosas se sienten cómodas y motivadas.
- Adaptación sobre la marcha. Si detectamos necesidades nuevas o imprevistas, realizamos ajustes en las actividades para garantizar la mayor efectividad y bienestar de las religiosas.

4. *Fase de evaluación*. Evaluamos el impacto del proyecto tanto en las religiosas como en los estudiantes, comprobando si alcanzamos los objetivos propuestos. Las acciones incluyen:

- Evaluación del impacto en las religiosas. A través de entrevistas con las religiosas y el personal de la residencia (enfermera, fisioterapeuta y cuidadores), medimos el grado de satisfacción, el bienestar emocional y las posibles mejoras en aspectos como la psicomotricidad fina o la estimulación cognitiva.
- Reflexión por parte de los estudiantes. Los estudiantes reflexionan sobre su experiencia, analizan los aprendizajes obtenidos, los desafíos enfrentados y los resultados del servicio comunitario.
- Propuestas de mejora y continuidad. Documentamos los puntos fuertes y las áreas de mejora del proyecto, con vistas a su posible continuidad. Evaluamos también si las actividades pueden repetirse o mejorarse en futuros proyectos.

3. Metodología

Aspectos clave a tener en cuenta en la metodología

Cooperación	• *Trabajo colaborativo.* Los estudiantes se organizan en grupos para diseñar, planificar y ejecutar las actividades, aprendiendo a trabajar en conjunto, a compartir ideas y a apoyarse mutuamente en la consecución de los objetivos.
	• *Interacción intergeneracional.* La cooperación entre los estudiantes y las religiosas promueve un aprendizaje bidireccional, donde los jóvenes aportan energía y nuevas ideas, mientras que las religiosas comparten su experiencia y sabiduría.
	• *Coordinación con profesionales.* Además, se colabora estrechamente con el personal sanitario (enfermera y fisioterapeuta) para garantizar que las actividades respetan las capacidades físicas y cognitivas de las religiosas, asegurando su bienestar durante todo el proceso.
Autonomía	• *Toma de decisiones autónoma.* Los estudiantes tienen la libertad de proponer y seleccionar las actividades que mejor se adapten a las necesidades de las religiosas, promoviendo su capacidad de análisis y resolución de problemas.
	• *Planificación y ejecución independiente.* A lo largo del proyecto, los estudiantes asumen la responsabilidad de planificar y ejecutar las actividades, con un seguimiento supervisado, pero con espacio para gestionar sus propias ideas y propuestas.
	• *Desarrollo de la autoconfianza.* Al tener mayor autonomía, los estudiantes fortalecen su autoconfianza y sentido de la responsabilidad, aprendiendo a gestionar el tiempo, los recursos y a evaluar el impacto de sus acciones.

3.1. Metodología de trabajo en el aula

El proyecto se desarrolla de manera progresiva a lo largo del curso, con una metodología que promueve la implicación gradual del alumnado en la planificación y ejecución de las sesiones de intervención. Este proceso se divide en tres fases correspondientes a los trimestres del curso académico, permitiendo una transición desde una enseñanza guiada hacia una mayor autonomía por parte de los estudiantes.

Primer trimestre: planificación dirigida por el profesor

- Rol del profesor. Diseña las actividades considerando las capacidades físicas, cognitivas y emocionales de las religiosas, y guía a los estudiantes en su correcta ejecución.
- Participación del alumnado. Los estudiantes asisten a las sesiones y comienzan a comprender cómo se estructuran las actividades, observando y aprendiendo las metodologías de intervención que serán fundamentales para el resto del curso.

Segundo y tercer trimestre: planificación y ejecución por parte del alumnado. A partir del segundo trimestre, el alumnado asume un rol más activo en la creación de las sesiones. En este proceso, se fomenta su capacidad de análisis, creatividad y responsabilidad.

- Rol del alumnado. Diseñan las actividades adaptadas a las necesidades específicas de las religiosas con las que trabajan, proponiendo dinámicas que potencien los aspectos físico-motrices, cognitivos y emocionales. Desarrollan habilidades de planificación y organización, elaborando sesiones que luego serán revisadas por el profesor antes de ser implementadas.
- Rol del profesor. Supervisa, orienta y proporciona retroalimentación a los estudiantes para asegurar que las actividades propuestas sean viables, seguras y efectivas para

el bienestar de las religiosas. Aunque el alumnado asume mayor responsabilidad, el docente sigue ofreciendo apoyo y asesoramiento cuando sea necesario.

Redacción del «Diario de intervención»

Durante todo el proyecto, el alumnado redacta semanalmente un Diario de intervención, donde reflexiona sobre cada sesión realizada en la residencia. En este diario, los estudiantes registran cómo se ha desarrollado la actividad, cómo han encontrado a la religiosa con la que han trabajado, sus sensaciones personales y los valores que creen haber potenciado. Este ejercicio de reflexión les permite evaluar tanto su evolución personal como el impacto de su intervención en las religiosas ancianas.

3.2. Metodología de trabajo en la residencia

La metodología de trabajo en la residencia se basa en el establecimiento de parejas de trabajo entre el alumnado y las religiosas. Este enfoque permite crear un ambiente de confianza y facilitar la comunicación, aspectos fundamentales para el éxito de las intervenciones.

Previamente se ha preparado a los alumnos informando de algunas características de las personas mayores, de los problemas de salud que pueden interferir en las relaciones y, muy importante, se les ha hablado de la muerte, ante la posibilidad de que a lo largo del año puedan fallecer algunas de las religiosas con las que formen pareja. A continuación, se detallan los aspectos clave de esta metodología:

1. *Formación de parejas.* Desde el inicio se realizan emparejamientos estratégicos entre el alumnado y las religiosas, teniendo en cuenta sus características personales y habilidades. Cada pareja trabajará junta durante todo el curso, salvo que se identifique alguna mala compenetración o dificultad en la interacción. Las razones para mantener estas parejas incluyen:

- Compromiso y confianza: Al trabajar con la misma persona a lo largo del curso, se fomenta una relación de confianza y complicidad, lo que mejora la calidad de la interacción y el impacto de las actividades.
- Facilitación de la comunicación: El conocimiento mutuo entre la religiosa y el estudiante permite una comunicación más fluida y efectiva, ayudando a ambos a expresarse mejor y a entenderse.

2. *Actividades de conocimiento.* Para promover un ambiente de confianza y fortalecer las relaciones dentro del grupo, se programan actividades grupales que involucran a distintas parejas. Estas actividades tienen como objetivo:

- Fomentar la interacción. Se crean espacios donde las parejas pueden interactuar con otras, facilitando que todos los participantes se conozcan y generen un ambiente positivo y colaborativo.
- Enriquecer la experiencia. Las dinámicas grupales permiten que tanto el alumnado como las religiosas aprendan de diferentes experiencias y personalidades, ampliando su perspectiva y enriqueciendo la intervención.

3. *Diseño de las sesiones.* La planificación de las sesiones se desarrolla en tres fases a lo largo del curso, permitiendo una gradual implicación del alumnado en el diseño y la ejecución de las actividades:

- Primer trimestre. Las sesiones son completamente diseñadas por el profesor, quien proporciona al alumnado un marco estructurado de actividades. Esto permite a los estudiantes observar y aprender cómo se llevan a cabo las intervenciones y qué metodologías son más efectivas.
- Segundo trimestre. A medida que avanza el curso, el alumnado comienza a participar en el diseño de las sesiones. Bajo la supervisión del profesor, los estudiantes

proponen actividades adaptadas a las necesidades de las religiosas, desarrollando sus habilidades de planificación y creatividad.

- Tercer trimestre. Finalmente, en esta fase, los estudiantes asumen la responsabilidad total de diseñar y ejecutar las actividades. Esto les brinda la oportunidad de aplicar lo aprendido en los trimestres anteriores y fortalecer...

4. Áreas de intervención

El proyecto se estructura en tres áreas principales de intervención: área fisio-motora, área cognitiva y área emocional y participativa. Cada una de estas áreas está diseñada para atender las necesidades específicas de las religiosas ancianas, con actividades personalizadas que promuevan su bienestar físico, mental y emocional.

1. *Área fisio-motora*. En esta área, el objetivo es mejorar y mantener la movilidad física y la psicomotricidad de las religiosas ancianas. El alumnado, bajo la guía del profesor licenciado en Ciencias de la Actividad Física y el Deporte, plantea actividades físicas adaptadas al nivel de ejecución de cada hermana. Las actividades propuestas incluyen:

- Caminar. Se realizarán paseos controlados dentro y fuera de la residencia, adaptados a la capacidad física de cada religiosa, con el objetivo de mantener la movilidad y estimular la actividad cardiovascular.
- Gimnasia suave. Ejercicios ligeros diseñados para mejorar la flexibilidad, la fuerza muscular y la coordinación motora. Estos ejercicios estarán supervisados para evitar lesiones y promover un bienestar general.
- Actividades para el mantenimiento de la motricidad fina. Actividades específicas para trabajar la coordinación y precisión de los movimientos manuales, esenciales para mantener la autonomía en tareas cotidianas. Ejemplos:

juegos de destreza manual, uso de herramientas sencillas o pequeños ejercicios con las manos.

2. *Área cognitiva.* En el área cognitiva, se trabaja principalmente en el fortalecimiento de la memoria y la atención, tanto a corto como a largo plazo. Los ejercicios y juegos tienen el objetivo de estimular las funciones cognitivas de las religiosas, contribuyendo a mantener su mente activa y ágil. Las actividades incluyen:

- Trabajo de la memoria. Se proponen ejercicios que estimulan la memoria remota (recuerdo de eventos pasados) y la memoria a corto plazo, como recordar secuencias o detalles de conversaciones.
- Juegos de mesa. Actividades lúdicas como el dominó, el ajedrez o cartas, que además de fomentar la memoria, mejoran la concentración, la estrategia y la toma de decisiones.
- Entrenamiento de la atención y flexibilidad cognitiva. Juegos y actividades que promuevan la atención sostenida, la memoria semántica y la capacidad de adaptarse a nuevas situaciones, contribuyendo a una mayor flexibilidad de pensamiento.

3. *Área emocional y participativa.* Esta área tiene como objetivo trabajar las emociones, la creatividad y la expresión personal. Las actividades propuestas están pensadas para fomentar la participación de las religiosas, así como su bienestar emocional. En este sentido, las actividades incluyen:

- Manualidades. Realización de actividades creativas que potencian la psicomotricidad fina, como la elaboración de pequeños objetos decorativos, con el fin de estimular la creatividad y ofrecer un espacio de relajación y disfrute.
- Pintura. Actividades artísticas donde las religiosas pueden expresarse libremente a través de la pintura, promoviendo la imaginación y el sentido de logro personal.

- Bingo. Juegos de entretenimiento como el bingo, que además de ser un momento de diversión compartida, permite estimular la memoria y la atención.
- Celebraciones especiales. Se organizan eventos para celebrar fechas importantes, como cumpleaños o festividades religiosas, con el fin de fortalecer los lazos comunitarios y brindar momentos de alegría y celebración.

5. Diario de intervención

El Diario de intervención es una herramienta clave en el proyecto, diseñada para que el alumnado reflexione semanalmente sobre su participación en las sesiones de intervención en la residencia. A través de este diario, cada estudiante documentará su experiencia, el estado de la religiosa con la que ha trabajado, así como sus propias sensaciones y aprendizajes. Este registro contribuye no solo a la evaluación continua del proyecto, sino también al desarrollo personal y emocional del estudiante. Cada semana, los estudiantes deberán redactar una entrada en su diario que incluya los siguientes aspectos:

1. *Descripción de la sesión.* Relato breve de las actividades realizadas durante la intervención. Los estudiantes describirán qué tipo de actividad llevaron a cabo y cómo se desarrolló la sesión.
2. *Estado de la anciana.* Reflexión sobre cómo encontraron a la hermana con la que estuvieron trabajando. Aquí los estudiantes comentarán sobre el estado emocional y físico de la religiosa, si la notaron más activa o más cansada, si participó con interés o si tuvo alguna dificultad durante la actividad.
3. *Sentimientos personales.* Los estudiantes reflexionarán sobre cómo se han sentido durante la intervención. Pueden expresar si la experiencia les ha resultado gratificante, si

han tenido algún reto emocional o si notan un crecimiento personal tras la interacción con las religiosas.

4. *Valores potenciados*. Cada semana, los estudiantes identificarán qué valores han puesto en práctica o reforzado durante la sesión. Estos pueden incluir la empatía, la paciencia, el respeto, la solidaridad, el compromiso o la responsabilidad.

5. *Evaluación general de la sesión*. Finalmente, cada entrada del diario incluirá una valoración general de la sesión. El estudiante evaluará cómo percibe que la actividad ha beneficiado a la religiosa anciana, si ha habido algún cambio notable desde sesiones anteriores y si considera que las actividades realizadas están alcanzando los objetivos del proyecto.

Este diario tiene como propósito no solo llevar un registro del progreso de las sesiones, sino también fomentar la introspección y el crecimiento personal del alumnado, ayudando a que sean más conscientes de su propio desarrollo y del impacto positivo que generan en la vida de las religiosas ancianas.

6. Temporalización

Primer trimestre

- Introducción al proyecto. En el primer mes, se lleva a cabo una presentación del proyecto. Durante esta fase, se identifican:
  - o El entorno donde el alumnado desarrollará el proyecto.
  - o Las características de las personas con las que se trabajará.
- Programación de actividades. Se planifican las actividades que se realizarán hasta Navidad. Estas actividades serán diseñadas por el profesorado y presentadas al alumnado en sesiones guiadas.

- Diario individual. Se explica la tarea del diario individual, donde cada estudiante registrará su experiencia.
- Evaluación del proyecto. Se proporciona información sobre cómo se llevará a cabo la evaluación del proyecto.

Durante los meses de octubre, noviembre y diciembre:

- Implementación de actividades.
- Redacción del diario individual.
- Evaluación individual de las sesiones efectuadas.

Segundo trimestre:

- Primer mes del trimestre:
  - o Evaluación grupal de las sesiones llevadas a cabo hasta el momento.
  - o Diseño de actividades en grupo. Se forman grupos que diseñarán cuatro actividades, una de cada área de trabajo y otra para una festividad especial, como las Fallas de Valencia o el fin de curso.
  - o Presentación y selección. Se presentan las propuestas de actividades y se eligen las que se implementarán.
  - o Preparación de sesiones y materiales. Cada grupo se encarga de la preparación de las sesiones y de los materiales necesarios.
- Durante los dos meses siguientes: implementación y redacción del diario.

Tercer trimestre

- Evaluación del segundo trimestre.
- Implementación de sesiones.
- Redacción del diario.
- Evaluación final.

7. Evaluación del proyecto

La evaluación del proyecto se lleva a cabo de manera integral y continua, incorporando diversas perspectivas para obtener un panorama completo del impacto y la efectividad de las actividades realizadas. Se consideran las siguientes dimensiones:

1. *Evaluaciones trimestrales por parte del alumnado*. Al final de cada trimestre, el alumnado realiza una autoevaluación en la que reflexiona sobre su participación y el desarrollo de las actividades. Se les pide que analicen:

- Su nivel de compromiso y esfuerzo en el proyecto.
- Las habilidades que han desarrollado o mejorado a lo largo del trimestre.
- Su percepción sobre el aprendizaje obtenido y la interacción con las religiosas ancianas.
- Las áreas en las que consideran que pueden mejorar para futuras intervenciones.

2. *Evaluación de observación del profesor*. El profesor lleva a cabo una evaluación continua de las sesiones, en la que observa diversos aspectos como:

- La participación y el compromiso del alumnado durante las actividades.
- La calidad de la interacción entre el alumnado y las religiosas ancianas.
- La efectividad de las actividades en función de los objetivos planteados.
- El desarrollo de las habilidades y competencias del alumnado.

Estas observaciones se documentan y se utilizan para proporcionar retroalimentación constructiva al alumnado, destacando sus fortalezas y áreas de mejora.

3. *Evaluación del diario de intervención.* La redacción del diario es una parte fundamental de la evaluación del proyecto. Cada semana, el alumnado documenta su experiencia, reflexionando sobre:

- Las actividades realizadas y su impacto en las religiosas ancianas.
- Sus emociones y aprendizajes personales.
- Los valores que han potenciado durante las sesiones.

El profesor revisa estos diarios y proporciona retroalimentación individualizada, lo que permite a los estudiantes profundizar en su reflexión y mejorar su práctica.

4. *Evaluación por parte de las ancianas.* Las religiosas ancianas también participan en el proceso evaluativo. A lo largo del proyecto, se llevan a cabo entrevistas o cuestionarios informales para conocer su opinión sobre:

- Las actividades realizadas y su nivel de disfrute.
- El impacto de las sesiones en su bienestar físico y emocional.
- La calidad de la interacción con el alumnado y la sensación de conexión personal.

Esta evaluación permite ajustar las actividades a las necesidades y preferencias de las religiosas, asegurando que se sientan valoradas y escuchadas.

5. *Evaluación por parte del personal de la residencia.* Finalmente, el personal de la residencia aporta una perspectiva valiosa sobre el proyecto. A través de reuniones periódicas, se recogen sus impresiones sobre:

- La evolución y el comportamiento de las religiosas ancianas durante las sesiones.
- La colaboración y el profesionalismo del alumnado.
- La efectividad general del proyecto en la vida cotidiana de las ancianas.

Los comentarios y sugerencias del personal son fundamentales para realizar ajustes necesarios y mejorar la calidad de las intervenciones.

Reflexión final

Al concluir el proyecto, es evidente que el intercambio generacional ha sido un pilar fundamental en la experiencia de aprendizaje-servicio. Las interacciones entre el alumnado y las religiosas han demostrado que, a pesar de las diferencias de edad y contexto, existen puntos en común que pueden ser explorados y celebrados. Las risas compartidas durante las manualidades, las historias contadas en torno a un bingo o las reflexiones surgidas en actividades de estimulación cognitiva han generado un ambiente de confianza y cariño, donde ambos grupos han podido aprender unos de otros.

Los estudiantes han experimentado un crecimiento personal significativo, desarrollando habilidades como la comunicación efectiva, la empatía y la adaptabilidad. Por su parte, las ancianas han disfrutado de la compañía de los jóvenes, encontrando en ellos un respiro de vitalidad y un renovado sentido de pertenencia. Este vínculo intergeneracional ha enriquecido la vida de ambas partes, recordando que el aprendizaje no tiene edad y que cada encuentro es una oportunidad para crecer juntos.

El éxito de este proyecto radica en la construcción de relaciones auténticas, en el respeto por las historias de vida y en el compromiso mutuo de aprender. En un mundo que a menudo se enfrenta a la soledad y al aislamiento de las personas mayores, iniciativas como esta son esenciales para fomentar una sociedad más inclusiva y conectada. Confiamos en que el legado de este intercambio perdurará, inspirando futuras colaboraciones y fortaleciendo los lazos entre generaciones.

Ejemplo de un diario de intervención

A continuación, se presentan, como ejemplo, algunos textos escogidos del Diario de intervención de una de las alumnas participantes en este proyecto. Corresponden a algunos de los días que han ido al centro. Se han eliminado todas las referencias a nombres de personas y datos de identificación. Estos textos permiten detectar con claridad las vivencias de la alumna y los valores que ha trabajado.

25-10-2024
Hoy ha sido el primer día que hemos estado con las hermanas. Nos hemos sentado en un círculo y a cada uno de nosotros nos correspondía la que teníamos al lado, respectivamente. Ellas se han presentado a nosotros, al igual que nosotros a ellas.

La hermana que me ha tocado a mí, XX, es muy agradable y buena persona. Ella enseguida me ha preguntado cuál era mi nombre y a qué curso iba. Desde ese momento no hemos parado de hablar, así que pienso que ella también tenía ganas de retomar el proyecto. Nos hemos contado cosas sobre nuestras familias y amigos, nuestras aficiones y hobbies, etc.

Ella me ha contado que desde siempre le ha gustado mucho pintar, aunque ahora con el desgaste de las articulaciones ya no le dedica tanto tiempo a la pintura. Cuando era joven [...] XX tiene unos sobrinos a los que quiere mucho y aprecia y me ha hablado mucho de ellos también.

Yo también tengo buenas expectativas y pienso que nos vamos a divertir y a la vez nos va a beneficiar en todos los aspectos (valores, educación, respeto...). Además, estoy muy contenta con la hermana que me ha tocado cuidar y pienso que podemos hacer un buen equipo.

También me he fijado en que algunos compañeros tienen hermanas que tienen dificultades para hablar y relacionarse, y creo que las han atendido muy bien y han tenido mucha paciencia con ellas.

Creo que este proyecto nos va a ayudar mucho a mejorar como personas. Creo que hoy he reforzado la escucha y la empatía, porque durante toda la hora hemos estado hablando y contando experiencias. Además, al escuchar esas historias de cuando ellos eran jóvenes y ponerte en su lugar, te das cuenta de la suerte que tienes de haber nacido en tan buenas condiciones, muchas hermanas sufrieron la Segunda Guerra Mundial[1] y se quedaron sin sus casas y sin sus familias.

7-02-2025
Me siento muy orgullosa de XX. A pesar de las dificultades que tiene para escuchar, siempre está atenta y pone muchísimo interés en cada actividad. En varias ocasiones, me ha preguntado para asegurarse de que entendía bien las indicaciones y no perderse ningún detalle, lo que demuestra su implicación. Además, ha realizado cada ejercicio con mucho entusiasmo. Creo que, a pesar de su edad, tiene unas habilidades impresionantes y una actitud admirable. Para mí es un placer poder compartir esta experiencia con ella.

En esta sesión he reforzado valores como la empatía, al atender las necesidades de XX; la paciencia, al explicarle con calma cada ejercicio; y la responsabilidad, al guiarla correctamente en su entrenamiento. También he reforzado la colaboración y el compañerismo, trabajando en equipo con mis compañeros y las hermanas para lograr nuestros objetivos.

14-03-2025
Hoy he notado a XX especialmente implicada y emocionada. Una de las razones de su alegría ha sido una sorpresa que tenía preparada para mí. Hace unas semanas le comenté cuánto me gustaban sus dibujos, especialmente uno en el que aparecía un hermoso ramo de flores. Hoy, con una gran sonrisa, me ha entregado ese

---

1. Es una confusión. Se refiere a la guerra civil española.

dibujo como regalo, acompañado de una dedicatoria en la parte trasera. Me ha emocionado muchísimo este detalle, y creo que a ella también le hace feliz ver felices a los demás. Es algo que admiro profundamente de XX, su generosidad y la manera en que pone su corazón en todo lo que hace.

En esta sesión he reforzado valores como la solidaridad, al dedicar un mensaje a las víctimas de la DANA; la creatividad, al expresar emociones a través de la papiroflexia; y la empatía, al compartir momentos significativos con XX. También he trabajado la cooperación, al realizar actividades en grupo, y la gratitud, al valorar el bonito detalle que XX tuvo conmigo.

28-03-2025

La sesión de hoy ha sido especialmente emocionante para mí, ya que la actividad la hemos preparado mi grupo y yo con mucha ilusión. En esta ocasión, hemos trabajado el área emocional y participativa a través de la expresión artística. El objetivo era fomentar la creatividad, la comunicación y el trabajo en equipo mediante la creación de murales utilizando chinchetas y gomas elásticas sobre paneles de corcho.

[...] Muchos compañeros y hermanas mayores expresaron lo mucho que habían disfrutado esta dinámica. Me sentí muy feliz al ver que con el esfuerzo de mi grupo habíamos conseguido nuestro objetivo: hacer algo diferente, original y divertido.

Hoy he visto a XX muy participativa y especialmente ilusionada. Estuvo implicada durante toda la sesión. Yo también me lo pasé genial y estoy muy orgullosa del trabajo en equipo que realizamos. Todos colaboramos, nos ayudamos mutuamente y disfrutamos de la actividad, que es lo más importante.

En esta sesión he reforzado valores como la creatividad, el trabajo en equipo y la responsabilidad, al preparar y realizar la actividad con mis compañeros. También fomentamos la expresión emocional, la escucha activa y el respeto, al compartir nuestras creaciones y escuchar las de los demás.

16-05-2025

La sesión de hoy creo que ha sido mi favorita de todas, ¡nos hemos convertido en unos auténticos chefs! Nos hemos dedicado a la repostería y hemos cocinado unas deliciosas galletas.

[...] Aunque a ninguna de las dos se nos da especialmente bien la cocina, hoy hemos disfrutado muchísimo de la actividad. Durante la sesión de hoy, he reforzado valores muy importantes. En primer lugar, el trabajo en equipo, ya que hemos colaborado todos en grupo para preparar las galletas, repartiéndonos tareas y ayudándonos unos a otros. También hemos potenciado la creatividad, dejando que cada uno decorara sus galletas a su manera, usando distintos ingredientes y dándole un toque personal.

Además, hemos trabajado la paciencia, tanto a la hora de preparar la masa como al esperar a que las galletas se hornearan. Por último, creo que también ha estado muy presente el cariño y la dedicación, porque más allá del resultado, todos hemos puesto mucho amor y cuidado en cada paso de la actividad.

Índice de actividades para el aula

Para que sea más fácil su localización, presentamos el listado de las 40 actividades para el aula que aparecen en el libro, tanto en el capítulo 4 como en los anexos, y la página donde encontrarlas.

Capítulo 4

Anexos (A)